LE BASSIN DU DONETZ

AU POINT DE VUE ÉCONOMIQUE ET INDUSTRIEL

SUIVI DU PROJET D'UNE

USINE MÉTALLURGIQUE

PAR

EUGÈNE BOULANGER

INGÉNIEUR DES MINES

PARIS

GUILLAUMIN ET Cᴵᴱ, ÉDITEURS

De la Collection des principaux Économistes, du Journal des Économistes

Du Dictionnaire de l'Économie politique, du Dictionnaire universel
du Commerce et de la Navigation, etc.,

14, RUE RICHELIEU, 14

1868

DE LA FORMATION FERRO-CARBONIFÈRE

DU

BASSIN DU DONETZ

DE LA FORMATION FERRO-CARBONIFÈRE

DU

BASSIN DU DONETZ

CONSIDÉRÉE AU POINT DE VUE DES RESSOURCES MINÉRALES

QU'ELLE OFFRE

A LA SIDÉRURGIE

PAR

EUGÈNE BOULANGER

INGÉNIEUR DES MINES

PREMIÈRE PARTIE

PARIS

GUILLAUMIN ET Cⁱᵉ, EDITEURS

De la Collection des principaux Économistes, du Journal des Économistes

*Du Dictionnaire de l'Économie politique, du Dictionnaire universel
du Commerce et de la Navigation, etc.,*

14, RUE RICHELIEU, 14

1868

DE LA FORMATION FERRO-CARBONIFÈRE

DU

BASSIN DU DONETZ

CONSIDÉRATIONS GÉNÉRALES

Depuis quelque temps déjà, la Russie fixe l'attention du monde industriel par l'impulsion imprimée à la construction de ses chemins de fer : les sommes que son gouvernement affecte chaque année à ces travaux d'utilité publique prouvent à l'évidence qu'il les considère comme le moyen le plus actif pour développer la richesse nationale.

Une ère nouvelle commence donc pour ce pays, et, grâce au développement de plus en plus considérable de ces moyens de transports économiques, rapides et réguliers, qui créent les débouchés et facilitent les relations commerciales, il est indubitable que tous les éléments de la fortune publique vont entrer dans une voie de prospérité qui modifiera profondément l'état industriel de l'Empire, surtout pour toute contrée favorisée d'un gisement de combustible minéral.

On sait que c'est là, en effet, que l'industrie se plaît à se développer, et tout prouve que l'on peut toujours tracer avec certitude la future carte industrielle d'un pays, au moyen de sa carte géologique, indiquant l'abondance ainsi que la qualité de ce genre de combustible.

La Russie méridionale possède, à environ soixante kilomètres au nord de la mer d'Azoff, une immense formation carbonifère s'étendant sur environ quarante mille kilomètres carrés. Cette formation est traversée dans sa plus grande longueur par la rivière du Donetz, et porte le nom de ce cours d'eau.

Il y a environ un quart de siècle, un ingénieur distingué, dont la renommée est aujourd'hui européenne, le savant M. Le Play, recevait pour mission, sous la direction de M. Anatole Démidoff, d'explorer ce bassin, pour constater ses richesses et établir les conditions économiques de sa future industrie.

Cette exploration de la contrée donna lieu à un rapport qui, malgré sa date déjà un peu ancienne, est resté un modèle du genre, et le seul travail plus ou moins complet digne d'être consulté par ceux qui sont aujourd'hui chargés d'étudier ce bassin, au point de vue des ressources qu'il présente à la création de l'industrie sidérurgique dans cette partie de l'Empire.

Si l'on se reporte à l'époque où parut ce travail, les

conclusions du rapport, se bornant au cercle des faits observés jusque-là, furent ce qu'elles pouvaient être.

En effet, si l'on tient compte :

1° De l'immense étendue du pays où les richesses minérales paraissaient disséminées, ce qui devait en rendre la recherche très-incomplète ;

2° De l'état peu avancé de la civilisation chez des paysans exclusivement adonnés à l'industrie agricole, ne portant aucun intérêt aux indices de la richesse minérale du pays, et toujours peu disposés à seconder les efforts tentés en vue d'en tirer parti ;

3° De l'ébauchement à peine commencé d'un réseau quelconque de voies de communication, toujours si nécessaires pour arriver à créer des moyens de transport à bas prix ;

On saisit facilement que M. Le Play ait été amené à des conclusions peu favorables, mais que néanmoins tout industriel comprendra. Sans juger l'avenir par l'état où il trouva l'industrie minérale, mais aussi sans tomber dans une exagération de nature à amplifier outre mesure les conditions futures de la prospérité de ce bassin, en se lançant dans des hypothèses, il assimila cette formation carbonifère à une formation secondaire, moins riche et moins caractérisée que les bassins houillers de l'occident de l'Europe, mais cependant susceptible, malgré cette inégalité de richesse, de donner lieu à un état industriel en rapport avec une civilisation plus avancée que celle qu'il trouva dans ces provinces.

Depuis que les conclusions de ce rapport ont été posées, vingt-cinq ans se sont écoulés, et des conditions nouvelles sont venues modifier l'état du pays. D'abord, ses richesses sont mieux connues, et sont largement appréciés des habitants ; ensuite, grâce aux institutions libérales dont le souverain a doté la Russie et à l'impulsion qu'il imprime à tous les grands travaux d'utilité publique, tout fait présager qu'une ère nouvelle va commencer pour ce bassin, et qu'il ne sera pas condamné plus longtemps à une regrettable période d'inactivité.

Jusqu'aujourd'hui, privé de voies ferrées, les débouchés lui ont manqué pour se développer ; maintenant, un ensemble de rail-way le reliant, soit au centre de l'Empire, soit à la mer d'Azoff, lui promet un avenir qui commencera à réaliser la prédiction de Pierre-le-Grand.

Les études incessantes faites par le Corps des ingénieurs des mines, sur tous les points se rattachant à l'exploration des richesses de ce bassin, témoignent du reste combien le gouvernement russe y attache de l'importance. En ce moment, deux ingénieurs distingués, MM. les géologues Nosoff, sont occupés à dresser, à une grande échelle, la carte géologique de tout ce pays, à établir la géométrie souterraine du terrain houiller, et à en rechercher minutieusement toutes les richesses minérales. Il est à espérer que ces messieurs n'attendront pas la fin de cet immense travail pour publier quelques résultats de leurs recherches, et que bientôt de nouveaux faits viendront prendre place dans la liste déjà fort longue des publications relatives à cette intéressante contrée.

Ayant été chargé, dans le courant de l'année 1866, de visiter le bassin du Donetz, afin de nous assurer si ses richesses étaient suffisamment connues pour justifier la création de quelques usines sidérurgiques, nous nous sommes rendu sur les lieux, et nous consignons les résultats de nos investigations dans le présent rapport, que nous faisons précéder, comme entrée en matière, de l'aperçu géologique du pays. Cet aperçu était nécessaire pour exposer méthodiquement les différents gisements des matières que réclame l'industrie du fer et pour éviter des descriptions qui, sans lui, seraient restées trop diffuses.

APERÇU GÉOLOGIQUE

DES

FORMATIONS DU DONETZ

1. — Terrains Cristallophylliens.

Le terrain qui supporte le bassin carbonifère du Donetz est formé de roches cristallines appartenant à une formation géologique qui s'étend de l'embouchure du Don jusqu'aux frontières de la Gallicie. Ces roches forment, à partir du Kalmious jusque dans la contrée située entre le Bug et le Dniéper, une série d'immenses plateaux peu élevés au-dessus du niveau de la mer et entrecoupés de fréquents ravins. D'Ekaterinoslaf à Nikopol, ce dernier fleuve traverse l'arête du système, qui paraît remonter à l'époque du soulèvement du Morbihan. Ce parcours a reçu le nom de cataracte.

La roche la plus commune parmi celles dont ce terrain est formé, vers les rives du Kalmious, est la variété de granits portant dans la nomenclature française le nom de *pegmatite*. C'est un mélange de quartz et de feldspath commun, de couleur rose, habituellement avec lamelles de mica et d'amphibole.

Après la pegmatite, la roche que l'on rencontre le plus souvent est le gneiss; vient ensuite le micaschiste.

Des diorites, des porphyres rouges; se rencontrent au nord de Marioupol, au milieu des grandes masses amorphes des roches granitiques.

Le contact direct entre les roches cristallines et le terrain carbonifère peut s'observer entre Karakouba, Stila et Novô-Troïtskoe.

Entre ce dernier village et Olginskoe, la décomposition des pegmatites a donné naissance à un gîte de kaolin considérable, qui est aujourd'hui exploité utilement, comme argile réfractaire, pour la fabrication des briques réfractaires, à l'usine de Lougansk.

Vers l'ouest, à partir de Marioupol, les plateaux granitiques sont souvent surmontés par des lambeaux de formation miocène, qui présentent à leur base, au contact du granit, une couche d'argile blanche, contenant des grains de quartz et des lamelles de mica. Cette argile doit se rapprocher, par sa nature ainsi que par les circonstances qui ont présidé à sa formation, de la composition des kaolins.

2. — Terrain Carbonifère.

—

On sait que sir Roderick Murchison divise le terrain carbonifère en trois étages, qui sont :

Étage inférieur....... Lower Limestone Shale.
Étage moyen......... { Carboniferous Limestone.
                      { Millstone Grit.
Étage supérieur...... Upper Coal-measures.

Le célèbre géologue rattache seulement à l'étage moyen les formations qui composent les bassins carbonifères de la Russie.

Carboniferous Limestone.

Mont Valdaï, Moscou, Toula, Kalouga, rives du Volga en aval de Kasan, Archangel, versants des Monts-Ourals, *bassin du Donetz.*

Millstone-grit.

Versant occidental de l'Oural, *bassin carbonifère du Donetz.*

D'après cet illustre géologue, dans le bassin de Moscou :

Le *Productus giganteus* est le fossile qui caractérise l'étage inférieur du bassin ;

Le *Spirifer mosquensis* est le fossile qui caractérise l'étage moyen du bassin ;

La *Fusolina cylindra* est le fossile qui caractérise l'étage supérieur du bassin.

Les couches de combustible que l'on rencontre dans le bassin du Donetz sont formées par des anthracites, des houilles maigres, des houilles plus ou moins grasses, des charbons maigres à longue flamme, du genre Flénu-belge, et enfin d'une espèce de stipite, genre de houille imparfaite, analogue au charbon que l'on rencontre dans le bassin de Moscou. Les roches qui entrent dans sa composition sont identiques à celles qui caractérisent en général toutes les formations carbonifères.

Ce sont :

1° Des schistes plus ou moins argileux, de consistance variable et de structure feuilletée. De nombreuses empreintes végétales sont intercalées entre ces feuillets.

2° Des psammites plus ou moins schistoïdes, se divisant souvent en larges dalles plates et se délitant un peu plus difficilement que les schistes.

3° Des grès plus ou moins quartzeux et de consistance variable.

A ces roches sont subordonnées des couches, d'une épaisseur variable, de calcaire de couleur grise, jaune ou noire, plus, ou moins fendillé, généralement fossilifère, et des couches de minerai de fer, en rognons dans les schistes, ou sous forme de fer carbonaté lithoïde, qu'une décomposition a transformé en limonite le long de tous leurs affleurements.

La formation entière mesure près de 40,000 kilomètres carrés. Au nord et à l'ouest, elle est recouverte par les terrains permien, jurassique et crétacé. Sur les rives du Kalmious, on la voit reposer sur les roches granitiques, roches qui se rencontrent encore sous le calcaire pliocène des environs de la ville de Rostoff, près de l'embouchure du Don. Sur ce point, le granit contient des gîtes de plombagine. Tout le reste de la partie sud du bassin du Donetz est recouvert par la craie. Enfin, à l'est, le terrain carbonifère disparaît en partie sous le crétacé inférieur et en partie sous des terrains tertiaires.

Le centre du bassin se montre à découvert sur une surface mesurant environ dix-huit mille kilomètres carrés, et qui peut se répartir comme suit :

Région de l'Anthracite........................	11,000 kil. carrés.
Région des houilles maigres ou grasses......	6,000 »
Région des houilles maigres à longue flamme.	1.000 »
Total...................	18,000 »

La plus grande longueur de la partie apparente du bassin, de Novo-Ekonomitcheskoë aux rives de la rivière Bistraïa, affluent oriental du Donetz, est de 280 kilomètres. Sa plus grande largeur, de Lisitschansk à Karakouba, en atteint 160. Au sud de Lougansk sa largeur n'est plus que de 80.

Tout le système est plissé, de manière à former plusieurs bassins présentant une direction générale O.-N.-O.

à E.-S.-E. D'après M. Le Play, cette direction coïncide-
rait avec l'orientation, sur le méridien de Bakhmout,
du système de soulèvement des Pays-Bas, qui est de
N. 69° O.

On sait que l'époque de ce soulèvement marque la sé-
paration du terrain permien inférieur et du leichtein.
On doit donc trouver celui-ci reposant en stratification
discordante sur le terrain carbonifère ; c'est ce qui effec-
tivement a lieu : cependant nous verrons plus loin que
la moyenne de la direction de tous les affleurements de
couches de combustible trouvée par M. Le Play, con-
corde mieux avec l'orientation sur le méridien de
Bakhmout du système de soulèvement des ballons, dont
l'époque se place entre le millstone-grit et le calcaire carbonifère.

Pendant la durée de son exploration, M. Le Play cons-
tata 225 affleurements de couches de combustible, et il
les classa comme suit, sans cependant fixer le nombre des
couches qui pouvaient y donner naissance.

Affleurements de 2 mètres et au-dessus ..				1
»	2	»	à 1,50 ...	7
»	1,50		à 1 00 ...	21
»	1,00		à 0,50 ...	66
»	0,50 et au-dessous.....			130
			Total...........	225

La moyenne de la direction de tous ces affleurements,
constatés par lui, est de N. 76° O.

Tout le système paraît s'infiltrer vers l'ouest pour pé-
nétrer en profondeur. Si l'on tient compte qu'en général

la houille est d'autant plus maigre qu'elle appartient à des stratifications plus anciennes, la partie anthraciteuse du bassin supporterait, au nord et à l'ouest, d'abord l'étage des houilles maigres, et ensuite de plus en plus grasses. Celui-ci, entre Louganskaïe et les environs de Goloubofka, disparaîtrait en profondeur et serait recouvert par la formation des charbons maigres à longue flamme.

Messieurs les ingénieurs des mines ont constaté jusqu'aujourd'hui plus de 700 affleurements de combustible et environ 150 de minerai.

Afin d'essayer de donner une idée de ce bassin, nous allons tâcher d'esquisser une coupe allant de Bol-Karakouba à Lisitschansk.

La formation carbonifère repose, entre Bol-Karakouba et Stila, sur des roches granitiques au milieu desquelles apparaissent des masses de porphyres rouges. L'étage de l'anthracite a disparu et le bassin commence par celui des houilles plus ou moins maigres. La première roche reposant sur le granit est une espèce de quartzite blanc grisâtre, légèrement rosé, à grains de quartz réunis par un ciment de même nature, et présentant l'aspect d'un poudingue à grain fin, dont les paysans tirent parti pour confectionner leurs meules de moulin.

A cette roche légèrement inclinée vers le N.-N.-E. succède une large bande de calcaire à productus, dont l'affleurement vient s'étaler à la surface du sol, sur une largeur de plus d'un kilomètre. Ce calcaire supporte une formation de psammite de couleur plus ou moins claire, se divisant en dalles, et inclinée également vers le N.-N.-E. d'environ 5°.

La formation calcaire est remarquable par des gisements d'hématite et de limonite ordinaire qui s'étendent de Bol-Karakouba à Stila, et dans lesquels quelques petites exploitations ont eu lieu pour les besoins de l'usine de Pétrofski.

A quinze kilomètres au nord de Karakouba, au village de Bechero, les premiers affleurements de houille reconnus jusqu'ici commencent à apparaître. On y a constaté sept couches, dont une d'un mètre de puissance.

De ce point, dans la direction N. 76° O., des affleurements appartenant probablement au même ensemble de couches, se remarquent d'abord au village de Dolinne-Tarama, éloigné de Bechevo de vingt-sept kilomètres, et où l'on constate trois couches de combustible.

Dans la même direction, à environ cinquante kilomètres de ce dernier village, entre ceux de Konstantinofka et d'Ekaterinofka, le long du petit cours d'eau de Soukhi-Jali, on découvre de nouveaux affleurements.

Enfin, à dix-sept kilomètres au nord de Konstantinofka, dans la vallée de Voogvié, près du village de Kourakhofka, un affleurement se dirige à peu près nord-sud.

En remontant le Kalmious, un peu avant le village d'Aleksandrofka-Femina, on constate l'affleurement d'une couche de minerai. Il en est de même avant d'arriver à celui d'Advotieino-Mandruikina.

De là, au village d'Ekaterinofka-Masliékofka, deux nouveaux affleurements de combustible sont constatés sur la rive gauche du Kalmious. A Niesterovo, on exploite une couche de 1^m,22 d'épaisseur, par un puits de vingt-deux sagènes (46^m) de profondeur. Ce charbon se vend sept kopecks le poud. Non loin de là, un peu au sud, une couche de 0^m, 90 a été reconnue. Ces deux couches sont de la qualité dite demi-grasse.

A partir d'Aleksandrofka-Mastiékofka, le Kalmious sépare les terres de M. le prince Lieven de la terre cosaque. A trois kilomètres au sud d'Aleksandrofka-Chetcheglova, terre appartenant à ce prince, M. le colonel Elovaîsky, exploite sur la terre cosaque une couche de houille divisée par deux laies de schiste. Cette couche est inférieure à celles exploitées chez le prince. Elle présente à peu près la même qualité de charbon, et se divise de la manière suivante :

	Mètres.
Houille	1,27
Schiste	0,13
Houille	0,18
Schiste	0,11
Houille	0,22
Total	1,91

Cette couche repose sur trois mètres de schiste bleuâtre, qui la séparent d'une formation de psammite. A une centaine de mètres au sud, on a constaté l'affleurement d'une seconde couche qui lui est inférieure. Non loin de là, sur la rive droite du Kalmious, se montrent deux couches de minerai. De ce point à la vallée de la Dolgaïe, petit ruisseau affluant sur la même rive, et où l'on exploite les couches dites d'Aleksandrofka-Lieven, quelques affleurements de minerai sont également rencontrés.

Les couches d'Aleksandrofka-Lieven sont au nombre de trois ; elles sont inclinées vers le nord, quelques degrés est, de 28 à 30 degrés. La couche inférieure a une épaisseur de 1^m,62 et est distante de la couche moyenne, qui a 1^m,22 de puissance, par une épaisseur de rochers d'environ 19 mètres. Ces deux couches n'ont jusqu'aujourd'hui donné lieu à aucune exploitation régulière.

La couche supérieure est à 15 mètres au-dessus de la couche moyenne, et présente une épaisseur de 2^m,13, en comprenant une laie de schiste de 0^m,15. Son puits d'extraction atteint une profondeur d'environ 60 mètres. Cette couche est exploitée depuis vingt-quatre ans, par un Arménien avec qui le prince Lieven avait pris un engagement de la durée de trente ans, contrat qui doit finir dans six ans.

L'épaisseur totale des couches de houille reconnues jusqu'en décembre 1866 sur la terre d'Aleksandrofka, est donc la suivante :

	Mètres.
Première couche.............	1,98
Deuxième couche.............	1,22
Troisième couche.............	1,62
Total...............	4,82

Cette masse représente, par hectare de surface, un gîte d'une valeur de 70 millions de kilogrammes, soit 4,750,000 pouds par déciatine ; ces couches paraissent s'étendre sur la terre d'Aleksandrofka sur une superficie de 60 verstes carrées, soit 6,828 hectares ou 6,250 déciatines.

La couche exploitée donne 50 0/0 de houille en gros morceaux, et fournit un charbon de coke de première qualité, car celui qu'on en obtient est bien fondu, poreux et de couleur argentée.

L'extraction proprement dite de la grosse houille se paye 2 kop. par poud; celle du menu ne se paie que 1 ¼ kop. En comprenant la redevance, l'épuisement, etc., les frais généraux s'élèvent à 2 kop. par pied. A ce compte,

La grosse houille revient à 4 kopecks le poud.
La menue   »   »   3 ¾

On vend la houille 10 et le menu 6 ½ kop. le poud.

Au printemps, la quantité d'eau épuisée par jour est d'environ douze mille védros, soit cent cinquante mètres cubes.

M. Le Play fixe à 20,000 pouds le chiffre de l'extraction de 1839. En 1855, on a exploité 500.000 pouds, et il a fallu trois ans pour en opérer le débit; ce fait démontre éloquemment la richesse du pays en débouchés. En 1858, pendant la guerre de Crimée, le chiffre de l'exploitation s'est élevé à 2,000,000 de pouds.

Par les travaux préparatoires exécutés jusqu'aujourd'hui, l'on pourra extraire une quantité de 5,000,000 de pouds de charbon.

D'Aleksandrofka jusqu'au village d'Jakovlefka, où le Kalmious prend sa source, sur un plateau d'une élévation de 141,4 sagènes au-dessus du niveau de la mer, on ne découvre plus que deux petites couches de combustible.

Depuis Konstantinofka jusqu'à cette source, sur toute la rive droite du cours d'eau, le terrain carbonifère disparaît sous des couches appartenant au terrain crétacé inférieur, d'une épaisseur qui n'atteint souvent que quelques sagènes ; mais, à partir d'Iasinovatoe jusqu'au delà de la petite ville de Korsoume, on traverse, pour se rendre à l'usine de Pétrofski et de là à Sofiefka, une portion de terrain permien surmonté de quelques lambeaux de sable crétacé. Cette portion occupe une longueur de dix-sept kilomètres.

A trois verstes environ, au nord-nord-est de Sofiefka, passe l'axe d'une selle carbonifère dont la direction générale est de nord 60° ouest. Sur une longueur de quarante kilomètres, depuis le nord du village de Chtcherbinofski jusqu'à l'est de celui d'Elénofka-Volintsovo, dans une contrée élevée d'environ 146 sagènes au-dessus du niveau de la mer, et qui fait partie de la ligne de partage des eaux entre celle-ci et le cours du Donetz, on rencontre, à droite et à gauche de cet axe, un ensemble de couches carbonifères que nous allons décrire, et dont la richesse, sans atteindre cependant des proportions colossales, sont néamoins dignes de fixer l'attention de ceux qui s'occupent à chercher des positions favorables pour la création de l'industrie sidérurgique, lorsque le pays sera doté du bienfait des voies ferrées.

Du côté sud de la selle, en marchant vers le nord, on

connaît vingt-quatre couches de combustible qui présentent les épaisseurs respectives suivantes :

Nᵒˢ		Pouces anglais.	Mètres.	
Nᵒˢ 1	épaisseur	28	0,71	travaillée par M. Rajefski.
2		56	1,42	
3		42	1,07	
4		28	0,71	
5		28	0,71	
6		43	1,10	
7		12	0,30	
8		56	1,42	
9		24	0,61	
10		24	0,61	
11		20	0,50	
12		76	1,90	Ces couches ont été exploi-
13		60	1,56	tées à Sofiefka pour les be-
14		80	2,03	soins de l'usine de Pétrofski.
15		24	0,61	
16		24	0,61	
17		28	0,70	
18		12	0,30	
19		15	0,58	
20		56	1,42	
21		42	1,07	
22		28	0,61	
23		60	1,52	
24		Inconnue		placé dans l'axe de la salle.
Total.....		72,2	ou 22,00	

A ces vingt-quatre couches de combustible, sont associées huit couches connues de minerai carbonaté lithoïde transformé en limonite le long des affleurements, et quatre couches de fer carbonaté en rognons dans les schistes.

Voici les épaisseurs respectives des huit couches de limonite :

Nos	épaisseur					
1	épaisseur	28	pouces,	ou	0,71	mètres
2	»	42	»		1,07	»
3	»	24	»		0,61	»
4	»	24	»		0.61	»
5	»	20	»		0,51	»
6	»	70	»		1,78	»
7	»	42	»		1,07	»
8	»	56	»		1,42	»
Total.......		25' 6"	»		7,78	»

De la couche n° 2 de combustible jusqu'à la couche n° 8 des minerais, la distance est de 986^m,42. Cette distance comprend les huit couches de mines, et, depuis le n° 2 jusqu'au n° 16, des couches de charbon.

Voici comment les roches s'y subdivisent :

15 couches de houille,		mesurant	15,25 mètres
8	» mine,	»	7,76 »
9	» calcaire,	»	43,93 »
17	» grès et psammite,	»	320,10 »
26	» schistes,	»	599,38 »
	Total................		986,42 mètres.

Sur le côté sud de la Selle, toutes ces roches sont inclinées vers le sud de 75 à 80°, ce qui indique qu'elles forment le versant nord d'un bassin houiller dont le versant sud comprend toutes les couches décrites depuis Bol-Karakouba jusqu'à la source du Kalmious.

Au village de Michaïlofskoe, situé à 16 verstes au sud-est d'Elénofska-Volintsoro, la direction des roches se dirige du nord au sud et leur inclinaison a lieu vers l'ouest : tout démontre donc l'existence d'un bassin formé vers l'est et qui s'infléchit vers l'ouest.

La nature des houilles de Sofiefka n'a pas le caractère aussi franchement gras que celle des houilles d'Aleksandrofka. Aussi suis-je tenté de rapporter le système des couches de combustible qui caractérise la Selle de Jélieznoe plutôt au train dont fait partie la couche exploitée à Niesterovo, qu'à celui passant dans les propriétés du prince Lieven. A ce compte, le genre de combustible offert par ce dernier pourrait être recherché au nord de l'exploitation actuelle, peut-être sous la partie de la formation Permienne, qui forme la limite sud apparente de la selle, et qui s'étend entre Jelieznoe et Korsoume d'une part, jusque Novo-Bakhmoutofka et Jasinovatoe de l'autre.

C'est là une question qui me paraît importante pour l'avenir de cette partie du bassin, dont la géométrie souterraine est peu connue. En attendant que des exploitations, qui sont les seuls moyens de la bien faire connaître, viennent l'éclaircir, les couches calcaires qui entrent dans la composition du terrain pourraient en partie en donner la solution. Ces couches, riches en fossiles, ayant mieux résisté que les autres roches aux influences atmosphériques, forment à la surface du sol des signes visibles de la stratification. A Sofiefka, elles renferment de nombreux fossiles, parmi lesquels on distingue les *productus giganteus* et *semi-reticulatus*, un genre de *goniatites*, et le *spirifer mosquensis*. Tous ces fossiles sont en abondance, et la *fusolina cylindra* s'y rencontre également. On pourrait donc se servir d'une de ces couches comme horizon géologique et en déterminer le parcours. Les excellentes cartes, à l'échelle de $\frac{1}{126000}$, que la Russie possède aujourd'hui seront d'une utilité incontestable pour effectuer ce travail.

Sur le versant sud de la selle, sur les territoires des villages de Chtcherbinofski, de Néliénofskoe, de Jelieznoe, de nombreuses exploitations ont enlevé les affleurements de combustible. A Sofiefka, l'usine de Pétrofski a exploité plus ou moins régulièrement une partie des couches n°s 11, 13 et 14. M. Razefski a exploité sur ses propriétés légèrement les affleurements des couches n°s 2 et 8.

Le versant nord est presque resté, jusqu'aujourd'hui, vierge de toute exploitation de combustible. Des minerais seulement ont été extraits sur les territoires des villages de Zaïchtchevo-Nikiteno, Goçoudaref-Bouérake, dans la localité de Novaïe-Kaïouta, et au nord et au nord-est du village de Volintsovo. L'inclinaison des couches sur ce versant est, vers le nord, de 75 à 80°.

Quatre petites vallées au fond desquelles circulent de légers filets d'eau et qui aboutissent respectivement aux villages de Nélénofskié, Jelieznoe, Sofiefka-Kondratiéva, Volintsovo, ou plutôt Aleksandrofka-Fédérofka à quelques verstes en dessous, permettent de bien étudier cette partie de la formation carbonifère, et se prêteraient admirablement à l'établissement de petits chemins de fer d'usine. Ces vallées recoupant, les deux premières seulement, le versant sud de la Selle, les deux autres recoupant les deux versants, seraient des voies naturelles qui permettraient l'affluence facile des matières premières vers les centres de consommation des usines placées en aval, aux points où les cours d'eau ont pris une certaine importance. Ces voies n'auraient pas besoin de chemins de fer de plus de dix kilomètres de long pour remplir ce but.

Si l'on cherche à se rendre compte de cette partie de la formation carbonifère qui, comme je l'ai déjà fait remarquer, s'étend sur une longueur de quarante kilomètres, les calculs suivants en donneront facilement une notion plus ou moins exacte.

Tout en connaissant l'exagération souvent assez prononcée à laquelle on arrive parfois par des calculs de ce genre, lorsqu'il s'agit d'examiner une question aussi grave que celle de la création de l'industrie du fer dans des régions restées jusqu'aujourd'hui en dehors de toute activité industrielle, il faut cependant convenir que les documents que l'on possède sont déjà assez certains pour justifier, dans une certaine limite, une pareille estimation. Du reste, pour chaque établissement qui viendra à se projeter, il s'agira néanmoins, avant de prendre une décision sans appel, de s'assurer de l'exactitude des faits observés jusque-là, par des recherches qui, du reste, deviendront de moins en moins nombreuses, par suite des observations que le temps apportera lorsque l'industrie se sera définitivement implantée dans ce pays.

Les huit couches de minerais ont une puissance totale de $7^m,68$. En exploitant, pour coke, les couches de houille n°s 12, 13 et 14, qui forment un ensemble de $5^m,50$ d'épaisseur, et, pour charbon de grille, les couches n°s 2, 3, 6, 8, 20, 21 et 22, dont la réunion forme une épaisseur de 9 mètres en combustible, on trouve facilement que, par zone de 1 kilomètre de large, recoupant, perpendiculairement à sa direction, l'ensemble des couches ferro-carbonifères formant le versant sud de la selle, et par mètre de profondeur, on arrive au résultat suivant :

	mèt.	mèt.	mèt.	mèt. cubes.
Minerai............	7,68 ×	1 ×	1,000 =	7,680
Charbon pour coke..	5,50 ×	1 ×	1,000 =	5,500
Charbon pour grille.	9,00 ×	1 ×	1,000 =	9,000

En multipliant les derniers chiffres par les poids respectifs du mètre cube en bloc, que j'évalue à :

2,500 kilogrammes pour le minerai.
1,200   »   »   combustible.

on a

	mèt.	kilog.	tonnes
Minerai..........	7,680 ×	2,500 =	19,200 de mille kil.
Charbon de coke..	5,500 ×	1,200 =	6,600 »
Charbon de grille.	9,000 ×	1,200 =	10,800 »

Par 100 mètres de profondeur, et pour les deux versants de la selle, on aurait par kilomètre de long :

	mèt.	kil.	tonnes.
Minerai..........	19,200 ×	200 =	3,840,000
Charbon gras.....	6,600 ×	200 =	1,320,000
Charbon de grille.	10,800 ×	200 =	2,160,000

Avec des minerais rendant, en moyenne, 40 0/0, un haut fourneau, produisant quotidiennement 40 tonnes de fonte, exigerait, par jour, 100 tonnes de minerai, soit annuellement 36,000 tonnes.

Le combustible étant à peu près en proportion industrielle avec le minerai, l'ensemble de la selle carbonifère de Jeliéznoe avec ses deux versants suffirait donc à la marche, par une exploitation complète de 100 mètres en profondeur, pendant un laps de cent ans, de 40 fourneaux et des usines à fer assez considérables pour transformer leur production en fer forgé.

En poussant l'exploitation générale de la selle jusqu'à la profondeur de 500 mètres, profondeur dépassée aujourd'hui dans beaucoup de bassins houillers, ces richesses seraient suffisantes pour un laps de temps quintuple.

Quelle que soit la manière dont on puisse envisager le degré de véracité probable d'une pareille estimation, il est cependant permis de prédire à cette contrée un avenir, peut-être lointain encore, mais en tout cas certain.

A environ 12 verstes, à l'est de Volintsovo, village qui, à vol d'oiseau, est à mi-chemin de Karakouba à Lisitschansk, on constate, le long de la vallée où se trouve Ilinskoï-Nébaltsofka, une faille assez grandiose. Si de cette dernière localité on se dirige au nord-est, on arrive au village de Tchernouchino, qui forme en cet endroit la limite nord de la zone à anthracite.

Alors commence une contrée bornée au sud par la route de poste allant de Bakmout à Ivanofka, et qui, s'étendant au nord sur une longueur de 25 kilomètres, forme une surface de six cents kilomètres (600) carrés, où l'on a constaté, en long et en large, des séries nombreuses d'affleurements, tant de combustible que de minerai.

Toute la partie sud de cette surface est traversée par un système de couches, plus ou moins reconnues, dont quelques-unes sont exploitées à Nikolaefka, village situé

sur la route d'Ouspensk, à environ 9 kilomètres d'Ivanofka.

Cette exploitation a lieu sur sept couches, divisées
en deux groupes, parce qu'elles occupent les deux versants d'un petit bassin qui a environ six kilomètres (6)
de large, et dont l'axe est assez bien orienté d'après la
direction générale.

Sur le versant nord qui plonge vers le sud de 8°, et qui
commence au village d'Elisabetofka, les deux couches
exploitées, nos 1 et 2, présentent chacune une épaisseur de 90 centimètres.

Sur le versant sud, plongeant vers le nord de 5°, les
couches nos 3, 4, 5, 6 et 7 ont respectivement les
épaisseurs suivantes :

	Mètres.
Nos 3	1,53
4	0,71
5	0,71
6	1,15
7	0,35

Ces couches se composent de charbon plus ou moins
maigre, et me paraissent appartenir à un ensemble de
couches dont l'axe de direction, plongeant lentement
vers le nord 80° ouest, a probablement disparu souter-
rainement lorsqu'il arrive dans la région ouest des
houilles plus ou moins grasses.

Au village d'Ouspensk on exploite également quelques couches de combustible généralement convenable
pour la génération de la vapeur.

Sur toute la surface de cette contrée, la direction des couches est ordinairement parallèle à l'orientation générale; cependant, à plusieurs endroits, comme à Goroditchtch, Elénofskoe, Atsienskoe, plusieurs affleurements présentent des directions anormales, qui peuvent les faire considérer comme les limites est de bassins qui s'infléchissent dans la direction opposée.

A 12 verstes, au nord de cette contrée, à Goloubofka, on exploite deux couches, dont le charbon sert pour le puddlage, à l'usine de Longansk. Leur nature indique qu'elles appartiennent à la région des houilles grasses, dont le système de couches se relie à celui qui passe au nord de la selle de Jelieznoe.

De Goloubofka à Lisitschansk, le pays est peu connu sous le rapport de ses richesses minérales, mais il paraît cependant appartenir à la région des charbons plus ou moins maigres à longue flamme.

Déjà, depuis près de soixante-dix ans, le gouvernement russe à Lisitschansk a une exploitation plus ou moins régulière pour l'extraction de la houille. Naturellement les débouchés lui ont manqué comme au reste du bassin de la mer Noire, et elle n'a pu prendre l'essor que comportait l'état de ses richesses. Considérée sous le rapport industriel, cette exploitation a donc, jusqu'aujourd'hui, manqué complétement son but; cependant, si on la considère comme l'avant-garde de l'exploitation minérale dans cette contrée, et comme le vivant témoignage de l'intérêt que le gouvernement n'a cessé de donner, autant qu'il le pouvait, à la formation d'ingénieurs pratiques, auxquels elle a servi d'école, on ne peut regretter son établissement.

Elle a donc partagé avec l'usine de Lougansk le soin de former une école pratique qui, établie sur les lieux, a eu pour mission de diriger constamment des ingénieurs dans une contrée dont les richesses étaient encore inconnues, et qu'ils ont eu à cœur d'étudier.

Le bassin houiller de Lisitschansk est disposé en forme de cloche renversée, dans la partie de la formation carbonifère que limite au nord-est et à l'ouest le cours d'eau du Donetz, aux environs de la petite ville de Lisitschansk.

Les houilles présentent le caractère maigre à longue flamme et sont généralement de nature assez bitumineuse. Elles ne donnent qu'environ 60 0/0 d'un coke léger et mal agglutiné, et ont plus d'un point de ressemblance avec certaines houilles d'Ecosse.

Les schistes bitumineux sont largement représentés dans cette formation, dans laquelle apparaissent quelques couches de fer carbonaté en rognons et quelques couches de calcaires toujours très-fossilifères.

Le *spirifer mosquensis* et le *productus giganteus* se montrent dans toutes les couches. Le *productus semi-reticulatus* ne se montre que dans la partie supérieure de la formation.

Le nombre des couches est de vingt-deux, dont sept sont exploitées. Ce sont, en commençant par le pourtour de la cloche et en allant au centre :

					Mètres.
N° 1 présentant une épaisseur de	3 pieds anglais ou				0,91
2	»	»	2'7"	»	0,79
3	»	»	3'6"	»	1,06
4	»	»	1'9"	»	0,53
5	»	»	2'6"	»	0,76
6	»	»	5'	»	1.52
7	»	»	1'4"	»	0,41
8	»	»	1'9"	»	0,53
9	»	»	2'11"	»	0,89
10	»	»	4'1"	»	1,25
11	»	»	2'4"	»	0,71
12	»	»	2'3"	»	0,68
13	»	»	2'4"	»	0,71
14	»	»	5'3"	»	1,60
15	»	»	1'9"	»	0,53
16	»	»	2'10	»	0,86
17	»	»	1'5"	»	0,43
18	»	»	1'9"	»	0,53
19	»	»	1'9"	»	0,53
20	»	»	1'4"	»	0,41
21	»	»	2'9"	»	0,84
22	»	»	3'11"	»	1,19
Epaisseur totale :			58'1"		17,71

L'inclinaison de ces couches est très-variable, car elle varie de 0° à 90°.

Les sept couches exploitées forment une épaisseur totale de 7ᵐ37 de charbon. Elles sont réparties dans un ensemble de roches que le puits traverse sur une profondeur perpendiculaire de 95 sagènes.

La couche n° 1 donne d'assez bon coke ; le n° 3 est convenable pour le puddlage. Enfin la couche n° 7 donne également du coke.

Le puits d'épuisement présente une profondeur de 47 sagènes, soit 119 mètres. Il s'arrête à cette profondeur à la couche n° 3 de l'exploitation, c'est-à-dire au n° 10 du tableau, et recoupe, à 4 mètres de profondeur, la couche n° 6, qui forme la première couche traversée.

Voici l'épaisseur des diverses roches recoupées par ce puits :

17 couches de	schistes,	77,65	mètres.
10 »	grès,	23,60	
6 »	calcaire,	5,80	
3 »	schiste argileux,	7,20	
5 »	charbon,	4,60	
	Total :	118,85	

Les travaux préparés à la couche n° 3 donnent une provision de trente millions de pouds de charbon. L'ensemble des travaux préparatoires des couches n°ˢ 3, 4, 5, 6 et 7 en donne une d'environ cent millions de pouds. Pour le moment, cette exploitation peut fournir deux millions de pouds de charbon par an.

Au-dessus du n° 8 du tableau, se rencontre une couche de schiste de sept pieds d'épaisseur, renfermant en abondance des rognons de fer carbonaté.

Pour une partie du bassin, sir Murchison donne la proportion suivante des roches :

Houille..................	9	mètres.
Calcaire................	15	»
Grès...................	60	»
Schiste.................	180	»
Total.............	264	»

La machine d'épuisement a une force de 20 chevaux

et travaille actuellement un jour sur deux. Elle fonctionne alors pendant quatre heures pour extraire un volume d'eau qu'on évalue à cent mètres cubes.

Le prix de revient de la houille à cet établissement du gouvernement est naturellement fort élevé, grevé qu'il est par des frais généraux peu en rapport avec le chiffre minime de l'extraction.

Ces frais comprennent, outre l'amortissement des travaux préparatoires faits pendant l'année, la dépense d'un personnel assez nombreux, l'entretien d'un hôpital, d'une école et du clergé de la localité.

Ce charbon n'est cependant coté qu'à quatre kopecks par poud à l'usine de Lougansk. C'est le prix auquel les propriétaires voisins qui ont de petites exploitations sur leurs terres, le livrent au commerce. A Lisitschansk, lorsqu'on extrait seulement 3000 pouds par an, le prix de revient atteint le chiffre de 16 kopecks.

La formation carbonifère apparaît encore à la surface du sol à une quinzaine de verstes au nord-ouest du coude que le Donetz fait en passant par Lisitschansk, Privolnoe et Chipilofka. Elle forme là un îlot, entouré d'un terrain crétacé, qui termine au nord les affleurements houillers se rattachant au bassin du Donetz.

A une cinquantaine de verstes à l'ouest d'Izioume, plusieurs autres îlots apparaissent encore. A Pétrofskaïé, localité qui n'est séparée de cette ville que par une distance d'environ trente verstes, trois couches formant une épaisseur de 3ᵐ,70 sont en exploitation.

Telle est la coupe allant de Karakouba à Lisitschansk,

et comprenant les étages des houilles proprement dites du bassin du Donetz. Disons maintenant quelques mots de la région de l'anthracite.

Immédiatement au sud d'Ivanofka commence un bassin ouvert à l'ouest et dont le bord est passe par les territoires des villages de Bobrikoff et de Jouskinn. Le versant sud de ce bassin, passe par Nagoletchik, Novo-Parlofka et Andréefka. Le village de Krasni-Kout occupe le centre de ce bassin, où l'on compte vingt-sept couches d'anthracite et quelques couches de minerai. Cette partie de la formation carbonifère est malheureusement encore peu connue et l'on n'y compte que quelques petites exploitations. Si, par la suite, l'on venait à y découvrir plus de minerai, peut-être y aurait-il lieu d'examiner si l'on ne pourrait pas y fabriquer la fonte au moyen du combustible cru.

D'après M. le général Helmersën, qui vient de publier une brochure sur les bassins carbonifères russes, l'anthracite se rencontre dans la partie sud orientale du bassin du Donetz, à trente verstes au nord de Novo-Tcherkask, dans la vallée de la Grouchefka et du Bistroï, aux villages de Koúndrioutchiéi, Zolotofskoe, Roubéchinskoe, Boljinskoe, Zouefki, Ekaterininskoe, Bochdanova, etc., etc.

Son exploitation ayant seulement lieu dans la vallée de la Grouchefka, ce nom est généralement employé pour désigner le genre de combustible exploité dans cette partie du bassin.

Deux couches présentant une épaisseur totale de 4 1/2 pieds, soit 1^m,52, y sont en exploitation, sur une longueur de huit verstes.

Le nombre des puits d'extraction est d'environ quatre
cents ; le plus profond atteint 280 pieds, soit 85^{m}40.
On ne travaille généralement que les affleurements, et
jusqu'en 1863, le relevé des quantités extraites jusque-là formait un total de plus de 400 millions de
pouds.

Au nord de Grouchefka, un second train de couches
porte le nom de Vlasofkié, et présente la même importance de gisement.

Dans sa brochure, M. Helmersën signale, en outre, au
nord de la partie orientale du bassin, sur les deux rives
du Donetz, à partir du Goudorofskaïé, Kamenskaïé, jusque Ekaterininskaïé-Stanits, c'est-à-dire sur une longueur de plus de soixante-dix verstes, abstraction faite
des sinuosités du cours d'eau, une position complète-
ment abandonnée et où des couches de houille et de minerai se rencontrent assez fréquemment. Il y a remarqué, dit-il, plus de quatre positions importantes, capa-
bles d'alimenter avec leurs minerais, et pour quelques
cents ans, le midi de la Russie.

D'après les nombreuses recherches faites dans ces localités pour y rechercher des couches exploitables de
combustible, parce que l'on y aurait un débit certain
pour la houille, il ne paraît pas cependant que l'on y ait
constaté autre chose qu'un très-grand nombre de couches
de mince épaisseur. C'est ce que, du reste, M. Léon La-
lanne, ingénieur français des ponts et chaussées, avait
plus ou moins constaté en 1838, dans un notice insérée
dans les *Annales des Mines Françaises*, en 1839.

Tel est ce que nous avons à dire sur les richesses minérales du bassin houiller du Donetz. Jusqu'aujourd'hui,

aucun gîte minéral en filon n'y a été bien constaté. A Nogalnoe seulement, on rencontre dans les psammites de la formation, mais, paraît-il, parallèlement à la direction des roches, de petites veines de quartz hyalin disséminées et qu'accompagnent de la galène et de la limonite quartzifère.

D'après M. Le Play, on rencontre fréquemment dans les argiles blanches ou ocreuses qui recouvrent immédiatement le terrain carbonifère, sur les plateaux du Donetz, des gîtes de limonite géodique accumulés çà et là en grande quantité. Ces dépôts sont—ils des gîtes analogues à ceux que l'on rencontre dans les terrains primaires de Belgique, presqu'à tous les points de contact des couches calcaires, soit avec les schistes ou les psammites, et qui donnent parfois lieu à des épanchements considérables dans le sformations calcareuses, ou bien ne sont-ils que les indices des affleurements plus ou moins remaniés et suroxydés des couches de fer carbonaté que l'on rencontre si fréquemment? — La dernière opinion est la plus probable, et sauf les minerais de Stila et de Karakouba, qui présentaient bien le caractère d'épanchements, les autres minerais me paraissent plutôt être dus à la décomposition des affleurements des couches ferrugineuses qui entrent dans la composition des strates de la formation carbonifère, et qui auraient été ensuite plus ou moins remaniés par les eaux.

D'après ce qui précède, on voit que, pour certaines parties de la formation du Donetz, la position du minerai est en contact avec le combustible et la castine. Ce fait porte à assimiler, au point de vue métallurgique, quelques parties de l'immense bassin russe aux formations carbonifères de certaines parties de la Grande-Bretagne, avec qui elles offrent ce point de ressemblance. Comme c'est en effet en grande partie aux minerais associés au combustible que l'Angleterre et l'Ecosse doivent leur haute position dans l'industrie du fer, il est donc permis d'espérer, pour toute contrée favorisée du même avantage, un certain avenir industriel.

Mais c'est là tout ce qu'on peut faire. Quant à comparer aujourd'hui certaines zones du bassin russe aux formations de la Grande-Bretagne, il faut bien avouer que les éléments certains que l'on possède sur le Donetz n'ont pas encore acquis des caractères assez prononcés pour pouvoir établir un terme d'égalité. Du côté de la Grande-Bretagne, tout est parfaitement connu ; géométrie souterraine, nombre et épaisseur des couches, et le tout, grâce aux nombreuses exploitations auxquelles une industrie sans rivale a donné lieu ; de l'autre, un clair-obscur commence seulement à paraître et la lumière a peine à se faire, par suite de la trop grande étendue du pays et de son état industriel peu avancé. Cependant, grâce à un très-petit nombre d'exploitations et à des recherches toujours trop peu nombreuses de la part d'hommes compétents, grâce surtout aux éboulements que les eaux du printemps amènent chaque année aux flancs des montagnes, on commence à constater des richesses minérales qui, bien que réparties sur une très-grande étendue du pays, forment un ensemble dont on peut plus ou moins apprécier la grande importance future.

Tant que le pays ne sera pas amené à tirer parti de ses trésors par suite des débouchés qui seront ouverts à son industrie, il serait peu raisonnable d'exiger de lui une connaissance plus complète de ses richesses minérales. En se reportant à l'époque de la création de la grande industrie métallurgique dans tous les pays de l'occident de l'Europe, on comprendra facilement qu'il doit en être ainsi. Nulle part, en effet, les laborieux efforts qui ont accompagné l'enfantement de l'industrie n'ont été de nature à faire soupçonner un avenir bien brillant, même dans des contrées reconnues depuis comme favorisées en fait de richesses minérales.

Voici, d'après M. Jules Guillemin, ancien directeur des chemins de fer russes de la Compagnie française, quels ont été les chiffres des extractions de combustible, en 1839 et en 1858.

Groupes de M. Le Play.		1839	1858
Groupes.		Pouds.	Pouds.
1er	Pétrofskaïé	100,000	»
2e	Lisitschansk	450,000	400,000
»	Roubeznoe	»	100,000
3e	Ouspenk	82,000	»
4e	Rien	»	»
5e	Rien	»	»
6e	La Grouchefka	15,000	4,000,000
»	La Kadamofka	»	10,000
»	Kadamoskoé	1,000	»
»	Sadkoskoe	5,000	»
7e	Krasni-Kout	25,000	15,000
8e	Aleksandrofka-Lieven	20,000	2,000,000
»	Jelieznoe		
»	Zaïchtchevo Nikitino	180,000	»
»	Chtcherbinofski		
»	Nesteroff	»	200,000
	Total	878,000	6,725,000

Comme on le voit, en vingt ans les débouchés n'avait augmenté que lentement.

Analyses des combustibles du Donetz

PAR M. LE GÉNÉRAL IVANOFF

DÉSIGNATION.	Densité.	Eau hygrométrique.	COMPOSITION sur cent de houille.		Propriété du coke.	Cendres pour cent.	COMPOSITION DE LA HOUILLE SÈCHE.									
			Bitume et matières volatiles.	Coke.			Carbone.	Hydrogène.	Oxygène et azote.	Si O²	Al² O³	F² O³	Ca O	So³ CaO	Mg O	F S²
Soflefka. — Houille plus ou moins grasse..	1.301	0.81	19.70	80.30		3.40	84.81	4.72	6.73	0.95	0.42					2.74
» »	1.305	1.26	20.17	79.82		6.95	79.91	4.00	7.51	2.18	1.23					5.16
» »	1.323	1.61	20.70	79.30		5.30	82.67	4.64	5.85	1.72	0.75					4.35
Aleksandrofka-Lieven »	1.229	1.36	29.00	71.00		5.08	81.20	5.60	11.95	0.43	0.10			0.10		0.69
Rouschenka »	1.225	0.66	16.50	83.50		0.87	88.20	5.32	5.35	0.29	0.234		0.05	0.121	0.022	0.394
Lisitschansk. — Houille gazeuse	1.193	5.70	40.30	59.70		3.50	76.25	5.65	13.84	2.38	0.14			0.25		1.49
» »	1.251	5.61	38.80	61.20		6.00	74.35	5.47	12.45	3.27	0.77			0.36		3.23
» »	1.269	6.62	30.85	69.15		21.45	59.95	4.28	11.21	10.17	3.52			1.31	0.08	12.48
» »	1.235	4.65	39.55	60.45		4.70	74.38	5.15	15.24	3.07	0.46					1.67
» »	1.245	5.47	38.37	61.63		2.95	77.38	5.46	12.87	0.80				0.26		3.23
» »	1.185	4.41	38.60	61.40		3.45	76.56	5.39	13.62	1.28	0.50			0.07	0.02	2.61
» »	1.218	6.13	36.10	63.90		12.55	70.49	4.66	9.86	5.56	3.38			0.15	0.04	5.86
» »	1.252	4.21	36.80	63.20		16.55	65.85	4.72	6.93	3.99	2.36			0.16	0.14	15.85
Ouspensk n° 1.—Houille plus ou moins maigre.	1.230	1.29	28.90	71.10		6.25	81.13	5.29	5.80	3.00	1.30		0.32	1.48	0.017	1.70
» 2 »	1.223	1.16	31.20	68.80		8.62	75.50	5.42	8.62	3.65	1.30		0.03		0.05	5.46
Grouchefka n° 1. — Anthracite	1.620	4.23	7.19	92.81		3.42	91.49	1.77	2.13	1.27	0.47		0.027	0.064	0.51	2.28
» 2 »	1.610	4.32	5.68	94.32		2.44	93.35	1.60	1.82	0.71	0.108				0.20	2.16
Nezbitaï »	1.606	2.70	5.93	94.07		1.80	92.00	1.69	3.98	0.68	0.20			0.05	0.03	1.36
Ololoveky »	1.637	3.47	5.45	94.55		7.79	87.24	1.39	1.41	5.32	0.27		0.24			4.13
Rogarof »	1.520	5.33	6.51	93.49		7.31	89.14	1.72	1.36	4.01	0.18		0.073	0.15		4.50

Analyses de M. le général Helmersēn

PROVENANCE.	Eau.	Carbone.	Matières volatiles.	Cendres.	Pyrite.	Calories.
Anthracite de Grouchefka. Qualité supérieure......		90.80	7.22	1.98	1.54	76.46
» » » »......		90.77	6.62	2.61		77.05
» » » »......		80.92	17.94	1.14		73.47
» » » »......		86.90	9.00	4.10	1.00	72.38
Anthracite de Grouchefka. Qualité inférieure.......		72.30	17.40	10.30	2.10	64.91
» » » »......		84.53	8.64	6.84	5.45	75.22
Houille de Goroditche demi-grasse		75.60	20.30	3.60	2.70	65.45
» » »......		76.90	19.60	3.50		70.07
» » grasse..............		60.10	37.10	2.80		61.60
Houille de Privolnoe..................		47.50	43.40	9.10	8.62	50.05
» de Pétrofskaïé..............		52.10	42.60	5.30	4.50	53.90
» d'Aleksandrofka Lieven..............	1.36	71.00	29.00	1.08		79.30
» de Sofiefka..............	1.01	73.90	20.70	5.30		79.70
» des exploitations Bolaces..............		83.00	12.00	5.00	0.75	
» » »......		85.44	12.76	2.80		74.69
» » »......						
» de Goloubofka..............	5.55	60.86	33.40	0.84	0.35	69.23

Pour terminer ce que nous avons à dire sur la géologie du bassin, il nous reste à donner les analyses de ses minerais après celles de ses combustibles.

M. Le Play avait déjà donné, dans un mémoire de 1842, et par groupe, les analyses des combustibles rencontrés dans la série des affleurements constatés par lui en 1839. — Depuis, M. le général Ivanoff, professeur de chimie à l'Ecole des mines de Saint-Pétersbourg, a donné dans le *Journal des Mines*, n° 11, année 1862, des analyses que nous nous empressons de relater ci-joint. Enfin, M. le général Helmersën, dans son opuscule sur les bassins carbonifères russes, publié en 1864, donne aussi, page 37, quelques analyses que nous annotons à côté de celles de M. Ivanoff.

Quant aux minerais, ce dernier s'est également livré à un travail complet sur tous les minerais employés à l'usine de Pétrofski, près de Sofiefka. Ce travail comprend les analyses de tous les échantillons remarquables formant ou pouvant former des variétés minéralogiques, et ensuite celles représentant d'une manière générale la composition des minerals, tels que les tas d'approvisionnement les présentaient. Ces analyses, publiées également dans le *Journol des Mines*, et dont j'ai pu prendre connaissance à l'usine, ont eu lieu sur de grandes masses, passées préalablement sous les meules de la fabrique de briques réfractaires, pour mieux opérer le mélange et arriver à une prise d'essai caractérisant bien l'ensemble.

Voici d'abord l'analyse des minerais de Stila, qui se trouvent en dépôt dans la bande calcaire de la partie méridionale du bassin, entre ce village et Bol-Karakouba.

Analyse du minerai de Stila, par M. Ivanoff

COMPOSITION	ANALYSE GÉNÉRALE	VARIÉTÉ	VARIÉTÉ
Oxyde ferrique.............	69.43	78.65	72.40
Silice.....................	12.63	3.80	12.80
Alumine...................	0.86		
Carbonate de chaux........	0.46	4.15	3.80
Carbonate de magnésie.......	»		
Oxyde de manganèse........	2.09		
Acide phosphorique.........	0.32	»	»
Eau.......................	12 8	13.40	11.00
	98.59	100.00	100.00

Cette analyse générale donne, comme richesse en fer du minerai de Stila, le chiffre de 48,60 0/0, et comme contenu en silice celui de 12,63. Elle doit faire considérer ce minerai comme minerai riche, plus ou moins siliceux, et comme réclamant des minerais alumineux en mélange au lit de fusion, pour être traité convenablement au haut fourneau.

Ce minerai forme des gîtes irréguliers, très-probablement produits au milieu des roches calcaires par des sources minérales. Ces eaux sont venues se décomposer au contact des calcaires, et la chaux de celui-ci a précipité l'oxyde ferrique qui est resté mélangé à la silice du calcaire attaqué. Dans certaines parties du dépôt, le minerai est rempli d'encrines ayant également appartenu au calcaire. Ce minerai ressemble à ceux du même genre qui se rencontrent au nord du bassin de Charleroy, dans les calcaires carbonifères de Fleurus; seulement il est plus souvent en roches. D'autres parties du gîte présentent du minerai plus ou moins en géodes, de couleur noir-violâtre, couleur qui paraît dénoncer la présence d'une assez forte quantité d'oxyde de manganèse.

Le minerai repose sur des argiles blanches et n'a, jusqu'aujourd'hui, donné lieu qu'à une petite exploitation, faite pour les besoins de l'usine de Pétrofski. Il est fortement à présumer que de Karakouba à Novó-Troïtskoïe, c'est-à-dire sur une longueur d'environ trente verstes, on rencontrera par la suite une série de gîtes de ce genre, série qui se continuera à l'ouest, à la jonction du terrain granitique et de la formation carbonifère, qui y est recouverte par une faible épaisseur de roches crétacées.

Passons maintenant aux minerais en couches dans la formation carbonifère. Voici les analyses données par M. le général Ivanoff.

Analyses générales des minerais en couches de la formation carbonifère

COMPOSITION	Couche nº 1 de Sofiesko.	Couche nº 2 de Sofiesko.	Couche nº 4 de Zaïchtchevo Nikitino.	Jelieznoe.	Novaïé-Kaïouta.	Gocoudaref Bouéraf.	Korsoum.	Gorodicht.	Bsofski.
Oxyde ferrique	69.45	78.75	70.61	67.57	64.07	69.50	52.22	61.40	63.93
Silice.....................	11.63	5.70	10.68	8.80	13.56	11.91	28.80	16.56	11.62
Alumine...................	5.78	1.83	2.28	3.22	7.62	8.66	8.26	6.60	5.20
Carbonates de chaux et de magnésie	»	»	0.28	1.77	0.57	0.375	»	7.38	1.78
Oxyde de manganèse........	1.67	1.12	3.82	5.70	1.30	»	0.56	1.21	5.11
Eau.......................	12.60	12.13	11.41	9.60	10.36	9.145	11.05	6.64	11.05
Acide phosphorique..........	»	»	0.38	2.55	1.38	0.34	»	»	0.22
Totaux.......	99.63	99.63	99.46	99.21	98.36	99.93	100.89	99.99	99.01
Richesse en fer pour cent de minerai...................	48.96	55.12	49.42	46.00	44.85	48.65	36.45	42.98	46.48

La moyenne de ces neuf analyses se résumait comme suit :

Oxyde ferrique......................	64,42 =	46,48 de fer
Silice..............................	13,25	»
Alumine............................	5,27	»
Carbonates de chaux et de magnésie.	1,37	»
Oxyde de manganèse.................	2,27	»
Eau................................	10 66	»
Acide phosphorique.................	0,54	»
Total..............	99,78	»

Pour 46,48 0/0 de fer, ces minerais contiennent 20,79 0/0 de gangues. En ajoutant à celles-ci une quantité de calcaire équivalente aux 20 0/0 du poids du minerai, on obtient 32,75 parties du laitier formé comme suit :

Silice...........................	13,25
Alumine..........................	5,27
Oxyde de manganèse...............	2,27
Chaux correspondant à la castine...	11,96
	32,75

Soit sur 100 parties de laitier :

40,46	de silice.
16,10	d'Alumine.
6,93	d'oxyde de manganèse.
36,51	de chaux.
100,00	

Comme on le voit d'après le calcul précédent, ce minerai doit être considéré comme minerai riche, puisqu'il ne donne par cent de fonte que soixante-dix parties de laitier. Il ne peut donc être traité comme minerai ordinaire, car même avec des minerais donnant un de laitier pour un de fonte, la quantité de combustible réclamée pour une bonne allure de haut-fourneau est à peine de un de coke pour un de fonte de forge. Cette grande richesse du minerai nous expliquera tantôt le secret de l'allure insolite qu'ont présenté les fourneaux successivement construits à Pétrofski, lors des essais réitérés qui ont été faits dans cette usine, en vue d'y fabriquer de la fonte.

Tous les minerais relatés au tableau précédent appartiennent aux versants de la selle de Jelieznoe ; leurs couches y alternent avec les autres strates carbonifères. Leurs affleurements, généralement transformés en limonite, proviennent de la décomposition des couches de fer carbonaté lithoïde, car les couches de sidérose en rognons dans les schistes se rencontrent avec un caractère particulier, qui fait supposer avec quelque certitude qu'elles n'ont pas subi d'altération.

Cette décomposition paraît avoir affecté le carbonate lithoïde, en modifiant sa nature jusqu'au niveau du bassin hydrographique de la contrée dont l'arête de cette selle forme la crête de partage.

La décomposition successive qui a pénétré jusqu'à cette profondeur a hydraté le minerai et favorisé le départ de son acide carbonique. La limonite en se formant s'est plus ou moins séparée de l'argile, et celle-ci remplit ses géodes. Dans cette décomposition du carbonate de fer, le soufre a entièrement disparu, si l'on tient compte de son absence dans les analyses de M. le général Ivanoff. Par un simple concassage suivi d'un certain remuement, ou débarrasse ce minerai d'une certaine quantité d'argile, et l'on finit par obtenir un minerai beaucoup plus riche que celui qu'offrait la masse minérale avant ces préparations mécaniques.

Les couches de calcaire qui, de même que celles de combustible et de minerai sont subordonnées au restant des roches qui composent la formation carbonifère du Donetz, offrent pour les besoins des hauts-fourneaux une castine plus ou moins pure. Voici l'analyse du calcaire qui a été employé comme fondant à Pétrofski.

Carbonate calcique............	95,88
Silice......................	1,45
Alumine....................	0,40
Oxyde de fer...............	1,05
Total......	98,78

3° Terrain permien

Sir Murchison divise en trois étages le terrain permien qui, en Russie, occupe seulement dans les environs de la ville de Perme, une étendue de 1 million de kilomètres carrés.

L'*étage inférieur* correspond au *Lower-Bed-Sandstone* d'Angleterre, ou au *Weiss und Roth Liegende* d'Allemagne. Il est caractérisé en Russie par des grès avec plantes.

L'*étage moyen* se rapporte au *Kupferschiefer* et au *Zech-stein* d'Allemagne. En Russie, les calcaires de la même époque alternent avec des grès cuprifères, des marnes et du sel gemme. On y rencontre des sources salées et des gisements de gypse.

L'*étage supérieur* correspond aux sables, marnes et conglomérats de Perme. Ces roches sont rangées au même horizon géologique que le *Sand-Schiefer* ou *Bunter Sandstein* d'Allemagne. En Russie, quand le système existe, elles contiennent des plantes et le *Rhopalodon Mantelli*, et alternent avec la partie supérieure de l'étage moyen qu'elles finissent par recouvrir.

La partie nord-ouest du bassin carbonifère du Donetz est recouverte par des couches permiennes qui s'étendent dans la contrée dont la ville de Bakhmout occupe le centre, sur une surface qui mesure de l'ouest à l'est environ soixante kilomètres, et du nord au sud à peu près quatre-vingt-dix.

La selle de Jelieznoe traverse toute la partie sud-ouest de cette zone et la partage en deux lambeaux. Celui du sud, entre Skotovatoe et Korsoume, est formé de différentes espèces de grès, très-faciles à confondre, par suite de leurs caractères minéralogiques, avec les roches de même espèce qui composent le terrain carbonifère auquel on serait tenté de les rapporter, si une stratification discordante, parfaitement établie, ne rendait impossible toute assimilation de ce genre.

En rapportant à l'époque du soulèvement du Hainaut, système orienté de 84° sur le méridien de Paris et d'environ 110° sur celui de Bakhmout, la date du plissement

de la formation carbonifère du Donetz, on arrivait généralement à considérer comme appartenant au Zechstein
l'ensemble des roches permiennes de la formation de
Bakhmout. Si cependant on calcule l'orientation sur le
méridien de cette ville, du système des ballons, à qui on
assigne l'époque qui a séparé la formation du calcaire
carbonifère de celle du millstone-grit, on arrive à trouver une direction pour les couches du Donetz bien plus
conforme à l'orientation moyenne de tous les affleurements trouvés par M. Le Play.

Cette orientation est de nord 79° 35' ouest, et la
moyenne de la direction des affleurements est, comme on
sait, de nord 76° ouest.

En admettant cette orientation comme la véritable,
rien ne s'oppose jusqu'aujourd'hui de considérer les grès
qui limitent vers le sud la selle de Jelieznoe, et qui reposent sur les tranches fortement redressées des couches carbonifère avec une inclinaison vers le nord de
10 à 12°, inclinaison partagée du reste par le restant des
roches permiennes, comme appartenant à l'étage inférieur de sir Murchison. La rubéfaction des roches qui les
surmontent et leur richesse en gypse seraient les indices
que le soulèvement du Hainaut n'a pas été sans influence
dans la contrée.

Dès lors, l'ensemble du bassin carbonifère du Donetz
pourrait être considéré comme appartenant entièrement
à l'époque du calcaire carbonifère, ce que démontre du
reste le caractère paléontologique de ses fossiles. La
date de son plissement serait la même que celle à laquelle
il faut rapporter l'émergement du terrain qui compose
la partie centrale de la Russie, depuis Riga jusque Vo-

ronèze sur le Don, partie qui fut après largement augmentée par le soulèvement du nord de l'Angleterre, qui y exerça une grande influence.

Les grès dont nous venons de parler sont suivis par une formation que l'on peut rapporter aux étages moyen et supérieur du terrain permien. Dans les environs de Bakhmout cette formation peut être divisée en trois parties.

La partie inférieure est caractérisée par des argiles rouges et vertes passant souvent à la marne et au schiste chlorité et que surmonte une alternance assez considérable de marne rouge et de grès vert chlorité.

Le groupe moyen consiste principalement en calcaires plus ou moins dolomitiques avec couches de gypse, de schistes et de marnes.

Enfin, l'étalage supérieur est formé de conglomérats quartzeux, d'arkoses plus ou moins friables et d'argiles schisteuses.

Le gypse est exploité aux environs de Bakhmout. A quelques verstes au sud de cette ville, M. Lévakofski, professeur à l'Université de Kharkoff, a trouvé, non loin de Karlofka, les fossiles suivants :

Turbonilla Altenburgensis.
    »   *obtusus.*
Natica minima.
Astarte Wallisneriana.
Clidophorus Pallasi.
Avicula antiqua.
Pecten Sericeus.
Rhynchonella elongata.
Camarophoria Schlotheimi.

Ce géologue paraît admettre que les couches inférieures sont caractérisées par des *Brachiopodes*, tandis que les couches supérieures le sont par des *Gasteropodes*.

M. Le Play donne les coupes suivantes :

1° Vallée de Bakhmout, à quatre kilomètres en dessous du village de Zaïtserekié.

Calcaire caverneux, coquille jaunâtre, compacte, très-magnésien...	3 mètres
Marnes argileuses rouges et vertes avec gypse disséminé..	30 »
Gypse compacte saccharoïde, cassure esquilleuse....	6 »
Total..........................	39 mètres

2° Près de Bakhmout.

Argiles rouges et vertes avec fragments de gypse et cailloux roulés de silex noir de la grosseur d'une noix	8 mètres
Argile verte compacte avec filets de gypse fibreux....	0,40
Argile rouge avec gros blocs de gypse.............	1,50
Argile verte	0,60
Gypse grenu, saccharoïde, blanc ou rose, en masses non stratifiées avec fissures remplies d'argile rouge.	7,00
Marne argileuse avec fragments de calcaire et fissures remplies de sable vert argileux	5,00
Marne argileuse, très-peu calcaire, d'un beau blanc.	1,00
Gypse grenu, blanc, saccharoïde, cassure esquilleuse.	4,00
Total	27,50

Direction N. 80° O. Inclinaison de 4° vers le nord.

3° Rivière Plotra à 1 kilomètre de Pokrofskoe, village situé à 10 kilomètres N.-E. de Bakhmont.

	Mètres.
Marne argileuse rouge..............................	8,00
Grès rouge fissile	0,60
Marne argileuse rouge..............................	0,40
Grès jaunâtre, fissile à feuillets minces...........	0,70
Marne argileuse rouge..............................	0,50
Grès jaunâtre	0,80
Marne argileuse rouge..............................	0,50
Grès jaunâtre à grains de grosseur moyenne, fissille.	0,70
Marne argileuse rouge..............................	1,80
Grès jaunâtre et rougeâtre à gros grains, peu consistant, fissile.....................................	4,00
Grès à gros grains, avec rognons de quartz, de calcaire grisâtre et de silex noir......................	1,00
Grès jaunâtre à grains moyens, fissile, avec lits subordonnnés d'argile rouge	2,00
Marne argileuse verte compacte	0,30
Grès jaunâtre à grains moyens, parfois à gros grains, avec indices de corps organisés	2,50
Marne argileuse rouge sans aucune autre roche	25,00
Calcaire gris jaunâtre, compacte, dur, cassure esquilleuse	0,50
	49.50

Direction N. 80° O. Inclinaison 2° à 4° vers le Nord.

Ces diverses coupes représentent bien la nature des terrains aux environs de Bakhmout et font supposer que l'épaisseur totale de la formation permienne est assez considérable.

A 18 verstes au sud de Bakhmont, un peu au nord-ouest du village de Nikitino, on trouve au-dessus d'une série de schistes chlorités et de marnes rouges contenant du gypse, une couche de fer carbonaté blanc, d'une archine d'épaisseur et dont l'affleurement est plus ou moins en voie de décomposition. Cette couche a naturellement la même inclinaison, faiblement prononcée vers le nord, que le reste de la stratification.

Ce minerai a été employé à l'usine de Pétrofski. Voici son analyse générale ainsi que celles de ses différentes variétés, telles que les donne M. le général Ivanoff.

Analyse générale

Oxide ferrique............	60.83	= fer 44 0/0
Carbonate ferreux.........	2.78	
Silice	10.56	
Alumine...................	3.15	
Carbonate de chaux	2.43	
Carbonate de magnésie....	2.02	
Oxide de manganèse	4.37	
Acide phosphorique.......	0.27	
Eau.....................	12.24	
	98.65	

Autre analyse générale

Oxide ferrique...........	70.25	= fer 44 0/0
Silice...................	5.05	
Eau et acide carbonique ...	15.05	
Chaux...................	0.82	
Magnésie	0.74	
Alumine et oxide de manganèse................	8.09	
Acide phosphorique.......	traces	
	100.00	

Voici les analyses de nombreuses variétés :

COMPOSITION	1	2	3	4	5	6	7	8	9	10
Oxyde ferrique.	70.24	68.70	65.88	63.46	58.86	53.70	62.03	59.80	74.97	60.80
Silice.........	4.15	10.65	13.90	16.15	14.60	42.90	19.10	15.70	5.90	4.66
Eau et acide carbonique.....	14.82	14.34	10.95	11.55	14.65	11.55	12.78	13.45	13.30	30.00
Chaux et magnésie.......	1.11	2.00	0.68	1.28	3.07	»	»	»	»	4.06
Alum. et oxyde de manganèse	9.18	4.31	8.59	7.56	8.82	9.85	6.90	10.70	5.83	0.48

4° Terrain jurassique

A quarante verstes nord-ouest de Slaviensk, la petite ville d'Izioume, sur le Donetz, est le centre d'un îlot jurassique, dont la formation est rapportée, au *Coral-Rag*, par sir Murchison, qui en donne la coupe suivante :

A partir de la base on rencontre :

1° Des couches recouvertes d'alluvion composées de grès avec végétaux ;

2° Couches d'oolithes ;

3° Argiles calcaires et conglomérat de fossiles. *Trigonia clavelata, cidaritis Blumenbachii*;

4° Calcaires durs, avec concrétions de gypse et peu de fossiles ;

5° Calcaires jaunes avec *Gervillia* ;

6° Oolites fines ;

7° Trois couches calcaires avec petites univales et *nérinées*.

Cette formation sert de base à des couches rapportées au crétacé inférieur et composées de la manière suivante :

8° Grès gris et sables chlorités ;

9° Grès poreux et sables jaunes ;

10° Sables verts avec concrétions quartzeuses ;

11° Sables et argiles ;

12° Grès quartzeux supportant de la craie blanche.

A Stratilatofka, à huit verstes au sud d'Izioume, le Coral-Rag renferme une couche de minerai de fer brun d'environ 50 centimètres d'épaisseur. Dans la partie ouest de cet îlot, se rencontre une autre couche d'environ un mètre d'épaisseur,

Ce minerai se rencontre dans les argiles figurant au n° 3 du profil précédent.

5° Terrain crétacé.

—

La formation crétacée forme le terrain qui recouvre le bassin carbonifère du Donetz sur la plus grande partie de ses limites apparentes.

Le profil d'Izioume que nous venons de relater, caractérise bien sa composition. L'épaisseur de la craie blanche est assez considérable au nord du bassin et, entre Lisitschansk et Lougansk, l'épaisseur totale des formations crétacées inférieure et supérieure pourrait bien atteindre le chiffre de deux cents mètres. Dans cette contrée, sous les couches de craie blanche avec *terebratula carnea*, on rencontre des sables, des marnes et des grès chlorités avec *belemnites*, le *pectenquinque costatus* et l'*ostrea vésicularis*. Ces roches se rapportent donc au grès vert supérieur.

Dans beaucoup d'affleurements du crétacé inférieur qui repose sur le terrain permien à l'ouest du méridien de Bakhmout, on rencontre à plusieurs endroits des indices d'une couche de limonite. A 25 verstes à l'ouest de cette ville, dans la vallée de la Biélenskaïé, entre Pétrofska et Biélokouzminofka, ces indices se montrent sur 12 verstes de long. Ils apparaissent également dans la vallée du Donetz, en aval de Slavienske, dans les localités de Starodoubofka et d'Iakotiel éloignées de 12 et 24 verstes de cette ville.

Dans toute la contrée à l'ouest de Jelieznoc, l'épaisseur de la formation crétacée inférieure ne paraît pas être considérable. Le terrain carbonifère se montre aux flancs des grandes vallées, tandis que les plateaux qui les surmontent sont recouverts de sable crétacé, dans la partie orientale du Bassin, sur le Don, M. Le Play donne la coupe suivante, en commençant par le haut.

Sous des alluvions rougeâtres on rencontre :

<pre>
Craie blanche.............................   6 mètres
Bande ferrugineuse et siliceuse avec sables verts ...   1,20
            sables blancs et jaunes.................   6,00
              »   jaunes ferrugineuses.............   0,90
            couches de sables blancs et jaunâtres avec
              concrétion de grès   6
            sables verdâtres et jaunâtres et cailouteux.   12
            sables verdâtres micacés...............   5,10
Terrain carbonifère...........................
</pre>

(À gauche de l'accolade, disposé verticalement : « Sables verts consistants en »)

Telles sont les formations les plus intéressantes que l'on rencontre dans la contrée que nous venons de parcourir. Pour terminer notre aperçu géologique, il ne nous reste plus qu'à dire quelques mots sur les autres formations, dont l'importance pour nous est plus ou moins secondaire, au point de vue où nous nous sommes placés.

A l'est, au nord et à l'ouest du bassin se rencontrent des terrains tertiaires éocènes : entre sa limite sud et la mer d'Azoff, la craie blanche repose sur le carbonifère et supporte un immense plateau de terrains pliocènes, composé de calcaire des steppes et de sables fluvio-marins. Vers l'ouest, à partir de Marioupol, les plateaux des roches granitiques sont parsemées de lambeaux tertiaires miocènes, composés de calcaire tuf ou oolitique, d'argile verte avec couches de schistes, de sables, et séparés du granit par un conglomérat grossier, reposant sur une argile blanche contenant des grains de quartz et des paillettes de mica. Les sables contiennent parfois des couches de lignite.

La rive droite du cours du Donetz, à partir de la ville d'Izioume, est généralement assez montagneuse. La rive nord est au contraire peu accidentée et tout paraît dénoter une grande faille. Sur tout le parcours, entre Izioume et Goundorofskaïé, c'est-à-dire sur une longueur de plus de 200 verstes, les alluvions du fleuve s'étendent en formant une contrée marécageuse jusqu'à plusieurs verstes de la rive gauche. Dans les environs de Lisitschansk, on rencontre dans ces alluvions des bancs continus et cohérents de limonite, formant un minérai plus ou moins riche, mais assez phosphoreux, se rapprochant beaucoup de la variété qui a reçu le nom de minérai des marais. Ces bancs courent dans les sables à la manière des grès et ont parfois une épaisseur de plus d'un pied.

Il ne serait pas impossible que cette formation ferrugineuse fût largement développée le long du cours du Donetz et que l'on puisse en tirer un certain parti en métallurgie. Mais quant à penser faire entrer ce minerai en forte proportion dans la composition des lits de fusion réclamés par la fabrication des fontes de bonne qualité, le doute n'est pas possible. Leur emploi sera donc toujours restreint.

Paris. — Imprimerie de Dubuisson et Cᵉ, rue Coq-Héron, 5.

LE

BASSIN DU DONETZ

(Russie méridionale)

LE
BASSIN DU DONETZ

AU POINT DE VUE ÉCONOMIQUE ET INDUSTRIEL

SUIVI DU PROJET D'UNE

USINE MÉTALLURGIQUE

PAR

EUGÈNE BOULANGER

INGÉNIEUR DES MINES

SECONDE PARTIE

PARIS

GUILLAUMIN ET CIE, EDITEURS

De la Collection des principaux Economistes, du Journal des Economistes

Du Dictionnaire de l'Économie politique, du Dictionnaire universel du Commerce et de la Navigation, etc.,

14, RUE RICHELIEU, 14

1868

DONNÉES ÉCONOMIQUES

Les faits dont nous venons de parcourir l'ensemble laissent facilement supposer que les richesses observées jusqu'ici au Donetz , sont loin d'être en rapport avec celles que laisse deviner sa constitution géologique.

S'il y a encore tant d'inconnu, la raison en est simple : il n'y a pas bien longtemps, le paysan de cette contrée était loin de se douter que le sol du pays avait une valeur minérale quelconque. Sortant à peine d'un état de servage qui, pour les contrées de l'Occident, représentait le moyen âge, il lui a fallu quelque temps avant d'arriver à croire à la possibilité d'en tirer parti, et pour comprendre, avec peine encore, que la civilisation à laquelle il commence à aspirer sera la conséquence naturelle de leur emploi.

Fort heureusement pour le pays, le gouvernement comprend l'importance de ces richesses et attend impatiemment que le moment soit venu pour ouvrir les voies de communication nécessaires à la création des premiers débouchés que réclame le développement plus ou moins timide de toute industrie minérale.

Tant que ces débouchés manqueront, on comprend facilement que rien ne puisse progresser, ni industrie ni civilisation. C'est par l'emploi pacifique du fer que toute civilisation arrive, et l'on peut aujourd'hui poser en principe que l'état de cette dernière, dans notre Occident, se mesure à la quantité consommée de fer et de charbon. Puisqu'il en est ainsi, il faut, dès lors, convenir que le Donetz, dont la population, exclusivement agricole, se servait naguère encore d'outils d'agriculture en bois, dont les chevaux n'étaient pas toujours ferrés, et dont les chariots ne présentaient pas toujours trace de fer, ne possédait qu'un degré relatif de civilisation, peu favorable à un état industriel quelconque.

Au commencement de ce siècle, le gouvernement créa la houillère de Lisitschansk et en même temps l'usine de Lougansk. Ces créations étaient prématurées. L'aurore de l'industrie n'était pas encore apparue. Divers essais eurent lieu pour la fabrication de la fonte au moyen du combustible minéral cru ; ils ne réussirent pas, et on le comprend ; même dans nos contrées, les premiers fourneaux au coke n'apparurent qu'environ un quart de siècle après.

Vers 1861, pour tirer parti des richesses déjà de plus en plus connues de la Selle de Jelieznoe, l'usine de Pétrofski fut construite, et l'année suivante, la fabrication de la fonte fut essayée au moyen de coke : par suite du manque de qualité des matériaux réfractaires, la durée du fourneau ne dépassa pas quelques semaines.

Depuis lors, divers essais ont été tentés à l'aide de fourneaux du système de M. le général Raschette ; par suite de diverses causes que nous expliquerons plus loin, ces essais n'ont guère été, plus que le premier, couronnés de succès. Aussi, à mon arrivée dans le pays, s'occupait-on de démonter à Pétrofski les machines et les appareils, pour transporter à Lisitschansk tout ce qui pouvait servir à la reconstruction d'une nouvelle usine.

Dans le but de recueillir des données relatives à l'étude qui m'occupe, j'ai successivement visité les usines de Lougansk et de Pétrofski, et j'y ai récolté une ample moisson de ces renseignements pratiques que réclame toujours la pensée de la création d'une usine nouvelle. — Nous allons tâcher d'en présenter ci-après le résumé, qui servira d'abord d'étude sur chacune d'elles, et ensuite de prologue à l'appréciation des données relatives à la question du prix de revient de la fabrication future.

USINE DE LOUGANSK

L'usine de Lougansk est située à environ 25 kilomètres au sud-ouest de la ville de Slaviénoserbsk, au milieu de la contrée crétacée qui sépare le cours du Donetz de la portion apparente de la formation carbonifère. Quoique placée sur cette formation, cette position d'usine en est séparée par une épaisseur assez considérable de morts-terrains, qui empêchera que, d'ici à longtemps on soit tenté, en vue d'opérer une exploitation minérale, de traverser ce terrain de recouvrement plus ou moins inondé. Les frais qu'il faudrait faire pour atteindre ce but seraient en tout cas trop peu en rapport avec le parti que l'on peut aujourd'hui tirer du combustible.

Depuis la création de l'usine, il s'est formé non loin une agglomération d'habitations qui est aujourd'hui transformée en une petite ville, ayant ses petits monuments, ses théâtres, son cercle, et qui présente enfin, au milieu de la contrée plus ou moins arriérée où elle se trouve, un choix de ressources que l'on ne rencontre pas partout.

Cette petite ville est le centre de la direction des mines, et par suite, le point de réunion du nombreux personnel d'un corps d'ingénieurs chargés d'étudier le bassin du Donetz.

L'usine se compose :

1° D'une grande fonderie munie de trois cubilots et pouvant fournir annuellement une quantité de fonte moulée s'élevant à 2,500 tonnes.

2° D'un atelier de construction muni de 42 machines-outils, d'une forge qui comprend 19 feux, et d'un petit pilon à vapeur,

3° D'un atelier de menuiserie.

4° D'un atelier de chaudronnerie.

5° D'un petit laminoir composé d'un train ébaucheur et marchand, d'un marteau-pilon de trois tonnes, et de quelques fours à puddler et à réchauffer.

L'usine tire ses matières premières de différents points.

Les houilles proviennent de Lisitschansk, de Goloubofka et d'Ouspensk.

Les anthracites, de Grouchefka et d'Ivanofka.

Les fontes, de l'Oural ou de la Grande-Bretagne, ou de vieilles fontes ramassées dans les environs de Sébastopol.

Le fer est aujourd'hui fabriqué sur place, ou provient de Sibérie.

Voici les prix de revient respectifs de ces diverses matières :

La houille de Lisitschansk est comptée 4 kop. par poud, sur le lieu d'extraction. Son transport, pour les 87 verstes qui séparent ce dernier de l'usine, est de 15 kop. Le prix total est donc de 19 kop. le poud.

La houille, provenance Goloubofka, localité située à mi-chemin de Lisitschansk à Lougansk, se vend sur place 4 à 5 kop. le poud, et le transport à l'usine revient à 7 kop. Son prix de revient est donc de 11 à 12 kop. le poud.

La houille d'Ouspensk, dont les exploitations sont situées à 25 verstes au sud de Lougansk, n'est employée que pour générateurs à vapeur. Elle se vend 5 à 6 kop. par poud, et son transport revient entre $2\frac{1}{3}$ et 3 kop. Son prix moyen est donc, rendu à l'usine, d'environ 8 kop. le poud.

L'anthracite de Grouchefka est employé au cubilot pour la fusion des grosses pièces; il est un peu pyriteux, mais ne décrépite pas. Il est payé sur place 7 kop. le poud, et son transport, pour les 130 verstes de distance entre Grouchefka et l'usine, se paye 11 kop. Son prix de revient est donc de 18 kop. le poud.

L'anthracite d'Ivanofka ne sert qu'à la fonte des petites pièces; il est payé 4 kop. sur place, et le transport à l'usine pour 48 verstes revient à 8 kop., ce qui porte son prix de revient total à 12 kop. le poud.

Les fontes reviennent aux prix suivants :

Oural.................		85 k. le poud.
Gartscherrie (Ecosse)...	1 rouble à 1,20 »	»
Sébastopol	0,40 à 0,50 »	»

Le fer qui se fabrique à l'usine, quand la fonte revient à 40 kop. par poud, présente un prix de revient d'environ 1ʳ 20. — On le vend 2ʳ 20 à 2ʳ 40.

Tels sont les prix des matières premières; passons maintenant aux données de fabrication.

Fonderie

Elle se livre d'abord au moulage des pièces mécaniques nécessaires à son atelier de construction; mais elle fabrique le plus souvent des projectiles de guerre pour la Couronne.

La quantité d'anthracite consommée pour la fusion de 100 pouds de fonte s'élève à environ 20 pouds.

Les maîtres mouleurs sont payés à raison de 90 kop. par journée de 12 heures. Les ouvriers ordinaires ne reçoivent que 60 kop. par jour, ou environ 15 roubles par mois.

A la fonderie de Rostoff, sur le Don, la main-d'œuvre se paye le double.

Quand le moulage est courant, et qu'un grand nombre de pièces du même genre est à fabriquer, on remet la main-d'œuvre à forfait. En voici deux exemples :

Pour de gros tuyaux de conduits d'eau pesant 13 pouds, on paye 1 rouble la main-d'œuvre de moulage, soit environ 8 kop. par poud.

Pour le moulage de projectiles particuliers, qui réclament une exécution très-soignée, et qui pèsent seulement 7 ½ livres par pièce, on paye 8 kop., soit 45 ½ kop. par poud.

Les grosses pièces moulées à découvert se vendent 1ʳ10 par poud. — Celles comme cages de laminoirs, toques d'assise, garnitures de fours, se vendent 1ʳ 40 à 1ʳ 50.

Atelier de Construction

Il fabrique des instruments d'agriculture perfectionnés et des machines à vapeur locomobiles, dont l'usage se répand aujourd'hui dans les grandes exploitations agricoles du pays. Ce genre de fabrication sort naturellement du cadre qui m'est tracé ; aussi n'entrerai-je dans aucun détail. Nous nous contenterons seulement de mentionner que généralement on se plaint du manque de solidité de ces ouvrages, où l'on constate souvent que des pièces qui devraient être fabriquées en fer forgé, l'ont été en fonte. Il en résulte naturellement des réparations souvent impossibles à effectuer sur place, et il faut avouer que ces plaintes sont sérieuses ; aussi cet état de chose favorise-t-il la vente des machines de même genre venant de l'étranger.

Atelier de Chaudronnerie

Il fournit d'assez bonnes chaudières, mais malheureusement à un prix trop élevé. Les tôles qui entrent dans leur composition viennent de l'Oural par Rostoff. On demande 5ʳ 50 par poud de chaudière, qui, à Khaskoff, ne se vend que 4 roubles.

Laminoir

Toutes les pièces mécaniques qui le constituent ont été fabriquées à l'usine.

Ce laminoir se compose :

A. De deux équipages servant alternativement à la fabrication des ébauchés, corroyés et fers marchands, d'une cisaille et d'une pompe ; le tout activé par trois machines qui sont : 1° une machine de quatre-vingts chevaux pour le train ; 2° une machine de dix chevaux pour la cisaille et activant en même temps un ventilateur pour les fours à chauffer ; 3° une machine de quatre chevaux pour pompes.

B. D'un marteau-pilon à vapeur, monté sur bâti de tôle, et dont le mouton pèse 3 tonnes.

C. De quatre fours à puddler et deux à réchauffer.

D. D'une batterie de quatre chaudières à vapeur non montées sur fours.

Tout cet ensemble sert à fabriquer des fers ronds et carrés dont les dimensions minimum sont de 0ᵐ,025 de diamètre et 0ᵐ,02 de côté. Le tout a coûté 65,000 roubles d'installation. — Le marteau-pilon seul entre dans cette somme pour 9,000 roubles, en comprenant des fondations, qui en ont coûté 4,000.

Le combustible dont on se sert pour les fours se compose d'un mélange par parties égales des houilles de Lisitschansk et de Goloubofka. La houille d'Ouspensk sert pour les générateurs à vapeur.

Par four on passe, en 12 heures :

    5 charges de 18 pouds fonte aux fours à puddler.
    5   »   30   fer   »   à réchauffer.

Ceux-ci sont activés par un courant d'air forcé lancé sous la grille.

Les premiers ouvriers puddleurs, chauffeurs et lamineurs sont payés à raison de 90 kop. par jour. Les aides le sont à 60 kop. et les enfants en reçoivent 35.

La main-d'œuvre par poud d'ébauché revient à $4\frac{1}{2}$ kop., et la main-d'œuvre générale par poud de fer marchand à environ 15 kop. si l'on y comprend la surveillance et les machinistes.

Le tourneur de cylindre reçoit 16 roubles par mois,

Un cylindre tourné, du poids de 150 pouds, revient à 350 roubles.

Quand on travaille des fontes coûtant 40 kop. le poud, le prix de revient du fer est de 1 r. 40. Ce prix peut se diviser à peu près comme suit :

    $1\frac{1}{2}$ poud fonte à 40 kop.............. 0,54
    $2\frac{1}{2}$ »   charbon à 18 kop.............. 0,42
    Charbon pour chaudières............. 0,12
    Main-d'œuvre..................... 0,15
    Réparations et frais généraux......... 0,17
                                          1,40

Tel est le prix de revient de cette petite fabrication ; la quantité de houille consommée par poud de fer obtenu, soit aux fours à puddler, soit aux fours à réchauffer, est d'environ un poud.

On se sert, pour la réparation des fours et de leur confection, de briques réfractaires fabriquées à l'usine au moyen d'un mélange composé d'une partie de kaolin d'Olginskoe et de deux parties du quartz que l'on rencontre en petites veines dans les psammites, à Nogalnoe.

Ce quartz revient, à Lougansk, à 9 kop. le poud. Son extraction se payant 2 $\frac{1}{2}$, et un transport de 75 verstes 6 $\frac{1}{2}$ kop. le poud.

Le kaolin revient à 18 kop le poud.

Le quartz est d'abord chauffé au moyen des flammes perdues des fours à réverbères de la fabrique de fer, puis étonné et broyé.

Les 1,000 briques pèsent environ 230 pouds et reviennent à 60 roubles. Voici le prix de revient par poud.

Kaolin..	6 kop.
Quartz......................................	6
Main-d'œuvre.............................	8
Combustible...............................	3
Divers et frais généraux...............	2
	25

Pendant mes visites à l'usine, une chose m'a singulièrement frappé, et je crois devoir la signaler ici, parce que ce défaut se représente dans presque toutes les usines de l'empire ; c'est le nombre considérable d'ouvriers employés pour une certaine somme de travail ; malgré cela, celui-ci se fait lentement, mais beaucoup de mains se rencontrent inoccupées. C'est là un fait qui doit réagir sur le prix de la main-d'œuvre, et d'où il résulte qu'avec des prix de journées relativement peu élevés, on arrive à produire un travail coûteux.

Telles sont les données recueillies à Louganski-Zavodd.

Il me reste à remercier MM. les colonels Felkner et Nosof I, et les capitaines Letounofski et Nosof II, du bon accueil qui m'a été fait pendant ma visite et de l'empressement qu'ils ont mis à me fournir tous les renseignements dont j'avais besoin pour exécuter le travail dont j'étais chargé.

PETROFSKI-ZAVODD

Cette usine, aujourd'hui en démolition, avait été élevée pour tirer parti des richesses ferro-carbonifères de la Selle de Jelieznoe. — Elle se composait d'abord :

D'un haut-fourneau de 16 mètres de haut, présentant une largeur de 4ᵐ,65 au ventre et un diamètre de 3ᵐ,30 au gueulard. Son muraillement extérieur se compose d'un dé en maçonnerie en briques ordinaires de 9 mètres de côté et de 6 mètres de haut supportant une enveloppe en tôle qui circonscrit la chemise sur le restant de sa hauteur ;

D'une machine soufflante horizontale, d'un système particulier. Le cylindre à vapeur, dont le piston présente une course moitié moindre que celle du piston du cylindre soufflant active un arbre de couche qui porte vers le milieu de sa longueur un pignon de 1ᵐ,25 de diamètre et à ses deux extrémités, du côté droit, un volant, de l'autre la manivelle qui le rattache au cylindre à vapeur. Cette machine horizontale communique le mouvement à un engrenage de 2^m,50 de diamètre, calé sur un second arbre de couche plus long que le premier, à l'extrémité gauche duquel se trouve une grande manivelle qui, à l'aide d'une bielle, relie le piston soufflant à l'ensemble du système.

Le cylindre à vent est placé à gauche du cylindre à vapeur. La course de son piston est de 2 mètres et son diamètre de 1^m,85.

Cette machine a été fournie pour une force de 60 chevaux, et doit, avec la vitesse de 3 pieds anglais par seconde, fournir 114 mètres cubes de vent, par minute, à la pression de 5 pouces de mercure.

Le massif des chaudières se composait d'une batterie de quatre chaudières munies chacune d'un tube intérieur avec foyer. Elles ont 1^m,40 de diamètre et 6^m,60 de long. La surface de chauffe de chacune d'elles est d'environ 30 mètres carrés, ce qui porte leur force à environ 20 chevaux chacune.

Le régulateur à vent se compose d'un cylindre en tôle de 2 mètres de diamètre et de 37 mètres de longueur.

Lors de ma visite, la machine et les chaudières étaient en voie de démolition.

Le monte-charges se compose de six montants en bois adossés au fourneau et formant deux couloirs verticaux servant à guider le mouvement dans les deux sens, ascensionnel et descendant, des deux plateaux sur lesquels se placent les brouettes contenant le lit de fusion ; le tout peut être mis en mouvement par une petite machine à vapeur placée, de même que sa chaudière, dans une halle de coulée, dont l'exiguité est déjà sans cela trop prononcée.

Deux tuyaux de couches portant une série de pipes verticales cloisonnées, pour forcer le courant d'air à y prendre d'abord un mouvement ascensionnel et puis de descente, formaient un appareil à air chaud.

A première vue, tout cet ensemble paraît plus ou moins satisfaisant, et ce n'est qu'en analysant successivement chacune des parties qui le composent, qu'on arrive à constater qu'une somme, déjà assez grande, de connaissances théoriques a seule présidé à cette installation. Ce défaut de pratique se remarque du reste fréquemment dans tous les pays où l'industrie en est à ses débuts et ne présente aucun caractère extraordinaire. Si ce n'était que le succès se fait attendre et que des doutes s'élèvent sur la possibilité de tirer parti des richesses minérales de toute une contrée, il ne vaudrait la peine d'être constaté. Ce n'est donc que pour éclaircir les causes souvent complexes et toujours difficiles à analyser, d'un insuccès plus ou moins persistant, que nous en parlons.

La durée de la campagne de ce fourneau fut, comme nous l'avons déjà dit, assez restreinte. Soit à cause de la mauvaise qualité des briques réfractaires, ou par suite de la connaissance incomplète de la nature des minerais, ou en conséquence de la trop forte quantité de coke employée; peut-être par suite de ces trois causes réunies, le bas du fourneau se ronge en quelques semaines au point de nécessiter une mise hors feu.

De 1862 à 1865, à trois reprises différentes, des essais furent tentés à Pétrofski, au moyen de fourneaux de forme particulière appartenant au système de M. le général-major Raschette.

Né dans l'Oural, où le minerai magnétique, presque

2

pur et d'une teneur très-élevée, est traité à l'aide de charbon de bois, ce système y présente, comme chiffre journalier de production et comme consommation de combustible, des résultats plus avantageux que ceux offerts jusque-là par les fourneaux de forme ordinaire.

C'est ainsi que des fourneaux-Raschette, présentant une capacité de cuve de 70 mètres cubes et une série de 8 à 12 tuyères, produisent, en moyenne et par jour, 30 tonnes de fonte grise, avec une consommation de 56 hectolitres de charbon de bois par tonne de fonte; les minerais rendant 68 0/0.

Le fourneau de Nischne-Tagilsk, de forme ordinaire, cubant 67 mètres cubes, ne produit journalièrement que 23 tonnes de fonte, en consommant 62 $\frac{8}{10}$ hectolitres charbon, — les minerais traités rendant 67 0/0.

Si l'on ramène les chiffres de production à l'unité de capacité de ces fourneaux, c'est-à-dire au mètre cube; unité qui représente, pour les cuves, ce que le mètre carré représente pour les surfaces de chauffe des générateurs à vapeur, on trouve :

Fourneau Raschette

430 kilogrammes de production par jour et par mètre cube de capacité de cuve, avec une consommation de 56 hectolitres charbon par tonne de fonte.

Fourneau ordinaire de Nischne-Tagilsk

343 kilogrammes de production par jour et par mètre cube de capacité de cuve, avec une consommation de 62 $\frac{8}{10}$ hectolitres charbon par tonne de fonte.

A ce compte, le mètre cube du fourneau Raschette présente une production de 25 0/0 plus élevée, et une économie de combustible de 12 0/0.

Après ce résultat, que l'on a naturellement été porté d'attribuer à la forme du fourneau et au grand nombre de tuyères, il ne faut pas s'étonner que M. Raschette ait cherché à vulgariser son système. A Pétrofski, le fourneau de forme ordinaire venait de donner un résultat négatif; on se hâta donc d'avoir recours au nouveau fourneau, qui figure aujourd'hui dans les planches de presque toutes les revues métallurgiques de l'Europe et dont des descriptions très-détaillées ont été données plusieurs fois. Pour ce motif, nous n'entrerons pas dans sa description, mais nous allons indiquer les résultats de Pétrofski et déterminer la cause de leur caractère négatif.

La première tentative date de 1862; le fourneau marcha depuis le 13 mai, époque de sa mise à feu, jusqu'à l'époque de sa mise hors, qui arriva le 29 juin. La production générale fut pendant ce temps de 7790 pouds de fonte blanche, en consommant :

		Soit par mille pouds de fonte.
Coke Soßefka.	48,748 pouds..	6,257 de coke.
Minerai......	24,068 » ...	3,089 de minerai.
Castine......	8,261 »	1,060 de castine.

Ce fourneau fut ensuite réparé; il marcha depuis le 7 jusqu'au 30 décembre 1863, et produisit 3,395 pouds de fonte, dans les consommations suivantes :

		Soit par mille pouds de fonte.
Coke Soßefka.	21,096 pouds..	6,210 de coke.
Minerai......	11,315 »	3,354 de minerai.
Castine......	2,036 »	600 de castine.

Enfin, courant 1864, on reconstruisit entièrement un fourneau, en augmentant sa hauteur ; il fut mis à feu le 19 janvier 1865 et marcha jusqu'au 26 avril de la même année. La production générale fut de 13,091 pouds, et les consommations de :

		Soit par mille pouds de fonte.	
Coke Sopiefka...... ⎱ Coke d'Aleksandrofka ⎰	70,064 pouds.	5,573 de combustible.	
Anthracite...........	5,513 »...		
Mine...............	42,010 »...	3,209	»
Castine . ...,...	22,765 »...	1,739	»

Pendant ce dernier essai, une certaine quantité de fonte grise fut produite, fait qui jusque-là ne s'était pas encore présenté. Un changement avait été apporté au lit de fusion ; au lieu de consommer exclusivement des minerais riches ordinaires et rendant à l'analyse 46 0/0, on les mélangeait par parties égales avec une espèce de minerai pauvre ne rendant que 23 0/0, et obtenu en exploitant sans soin les affleurements très-argileux des couches.

De ce qui précède, il résulte que, pendant les trois essais tentés à l'aide du fourneau Raschette, la consommation du combustible par mille pouds de fonte s'est élevée au chiffre fabuleux de plus de 6,000 pouds de combustible.

Il suffit de constater cette consommation pour saisir instantanément la raison des insuccès de Pétrofski : en effet, pas un seul fourneau, même de forme ordinaire et quels que fussent la nature et le degré de richesse des minerais traités, ne présenterait une marche prolongée, même irrégulière, en employant une quantité aussi disproportionnée de combustible. Les faits présentés pendaùt cette triple tentative ne peuvent donc qu'être attribués à la pratique peu éclairée des fondeurs chargés de la conduite du fourneau.

On sait que, dans cet appareil, la chaleur produite par le combustible se partage d'une certaine façon entre la fonte et le laitier d'une part, et les gaz de l'autre. Selon la quantité employée de combustible, quand celle-ci est proportionnée à l'effet à produire, la fonte et le laitier prennent une certaine quantité de calorique, dont la somme varie d'abord avec la quantité de laitier produite par kilogramme de fonte et ensuite avec le degré de température qu'atteignent les parties basses du fourneau. Cependant ce degré de température ne varie qu'entre des limites plus ou moins restreintes qui sont, en tout cas, loin d'être en rapport avec les quantités consommées de combustible. Les excès de celles-ci ne servent qu'à augmenter la chaleur sensible que possèdent les gaz au sortir du fourneau, et il arrive alors que l'élévation de calorique à laquelle les matières à traiter atteignent dans la partie supérieure de la cuve amène le fritage de la plus grande partie du minerai avant que la réduction puisse s'effectuer.

On traite alors des espèces de scories de forges, qui attaquent facilement, grâce à la haute température de l'appareil, les parois des étalages et du creuset. L'usure rapide du fourneau est la conséquence immédiate d'un pareil traitement.

Si la température du fourneau ne jouissait pas d'une si grande intensité, une certaine portion de ces scories se réduirait en donnant naissance à une certaine quantité de fer métallique qui tomberait dans le bain de fonte et l'autre partie non réduite s'associerait au laitier.

Mais quand l'excès de combustible est trop considérable, l'intensité de la réduction de ces scories prend un caractère de gravité facile à comprendre, car ces matières ne pouvant donner que du fer métallique non carburé, dans les parties basses du fourneau, c'est-à-dire dans une zone trop rapprochée du creuset pour que le métal ait le temps de prendre un peu de carbone, il en résulte que le bain de fonte est incapable d'amener le point voulu de carburation pour que la masse reste liquide à la température du creuset. Le métal se fige donc dans les parties basses du fourneau, et le creuset finit par s'obstruer par ce qu'on appelle *un loup*.

C'est ce qui est arrivé à Pétrofski.

De plus, la forme en parallélogramme que présente la cuve du haut-fourneau Raschette quand on la suppose coupée par un plan perpendiculaire à la hauteur du fourneau, est une forme qui ne s'oppose pas suffisamment, malgré tous les cerclages possibles, aux grands effets de dilatation qui se présentent quand le haut du fourneau est trop fortement échauffé. Les nombreuses crevasses qui sont arrivées dans la masse en font foi, et viennent prouver à l'évidence que l'excès de combustible qui a caractérisé la marche du fourneau pendant la durée des essais, rend suffisamment compte de leur insuccès.

A part cette forme qui n'offre qu'une résistance minimum à des dilatations extraordinaires, le fourneau Raschette ne présente rien qui puisse le rendre responsable de ce qui est arrivé, et un fourneau ordinaire aurait subi la même destinée. Le plus ou moins grand nombre de tuyères est adopté depuis longtemps en Angleterre, et offre, dans la majeure partie des cas, des résultats avantageux. Quant à l'augmentation de production que l'on remarque pour le fourneau système Raschette, quand on le compare à un fourneau ordinaire traitant les mêmes minerais, elle pourrait bien ne tenir qu'à la plus grande surface du gueulard qui, offrant plus de facilité à la sortie des gaz, permettrait à la machine d'être plus libre dans ses mouvements et par là plus apte à fournir une quantité plus considérable de vent.

Quant aux chiffres de plus grande production que l'on présente comme caractérisant ce système, si on les compare à ceux présentés par les petits fourneaux de Toscane, traitant des minerais d'un rendement de 57 0/0 et qui arrivent par mètre cube de chauffage à des productions de 1,000 kilogrammes de fonte avec des consommations de 1,250 kilogrammes, soit 50 hectolitres de charbon par tonne de fonte grise, de 1,000 kilogrammes, soit 40 hectolitres par tonne de fonte blanche, il faut bien convenir que la seule et véritable cause de la grande production de certains hauts-fourneaux réside dans la nature même du minerai. Quand les éléments qui la constituent sont la grande richesse en métal, le faible contenu en guangue et la nature fusible de cette dernière, le plus ou moins haut degré de porosité et de réduction, il est toujours facile d'y arriver.

Quel que soit le caractère négatif des tentatives de Pétrofski, au point de vue de la création de la sidérurgie dans le bassin de Donetz, ces tentatives présentent un certain degré d'utilité, car elles ont fait connaître, sous plus d'un rapport, les ressources de la contrée. Sans des exploitations de minerai et de combustible faites sur une certaine échelle, et qui ont donné lieu à un ensemble de recherches pratiques de longue haleine, l'état actuel des connaissances relatives aux richesses minérales de la contrée serait resté très-incomplet. De plus, ces tentatives ont donné l'occasion d'acquérir des données pratiques sur le prix de revient de la main-d'œuvre et des matières premières, et, sous ce rapport, elles ont une valeur incontestable pour une contrée restée jusqu'aujourd'hui en dehors de toute activité industrielle.

Il y a seulement à regretter les sommes dépensées jusqu'ici, et qui s'élèvent, dit-on, à plus de sept cent mille roubles. — L'expérience a donc coûté cher, et c'est ce que l'on aurait évité en ayant recours à des hommes d'une pratique éclairée, pris dans des contrées où l'industrie du fer, au moyen des combustibles minéraux, est fondée depuis longues années et ne présente plus d'inconnu.

Voici ci-après les renseignements pris à Pétrofski :

Le minerai de Stila revenait à 5 kop. le poud, rendu à l'usine ; son extraction coûtait 1 kop.

On payait le minerai carbonifère des environs à 6 kop. le poud, quelles que fussent la provenance et la distance, à l'usine. — L'extraction d'une sagène cubique pesant 1,000 pouds coûtait 7 roubles ; mais cette quantité n'était guère reçue à l'usine que pour 800 pouds. On peut estimer que la moyenne du prix de ces minerais était la suivante :

Extraction	1	kop. par poud.
Redevance au propriétaire	0,50	»
Transport, frais généraux et bénéfice	4,50	»
Total..................	6	kop. par poud.

A l'usine, ces minerais subissaient un concassage coûtant 25 kop., l'archine cubique pesant 37 pouds. Soit donc $\frac{62}{100}$ kop. par poud.

Les minerais pauvres à 23 0/0 de rendement ont été livrés en dernier lieu à 4 kop. le poud.

Castine

—

Le prix de la castine a été de 2 kop. le poud. Elle subissait le même concassage que le minerai. Ce concassage coûtait également $\frac{62}{100}$ de kop. le poud.

Houilles

—

La houille de Sofielka revenait au prix suivant :

Abattage, chevaux, éclairage.......	2	kop. par poud.
Redevance......................	0,50	»
Transport à l'usine...............	1	»
Frais généraux	1,50	
Total...................	5	kop. par poud.

Le prix de celle d'Aleksandrofka était, rendue à l'usine, de 9 $\frac{1}{2}$ kop. par poud, prix qui peut être divisé comme suit :

Extraction.....................	2	kop. par poud.
Redevance et frais généraux.......	2	
Transport	3	
Bénéfice du vendeur..............	2,50	
Total...............	9,50	kop. par poud.

Coke

—

Par suite du mauvais système et de la mauvaise confection des fours construits, la fabrication du coke, au moyen de fours, n'a pu avoir lieu d'une manière convenable, et l'on en est revenu à la fabrication primitive, en meules comprises entre deux murs. — En suivant ce genre de fabrication insolite et peu normal, on n'a obtenu qu'un rendement faible à l'aide d'une main-d'œuvre coûteuse. Aussi le prix du coke a-t-il été fort élevé, quoique les produits n'aient présenté qu'une qualité secondaire.

Le coke produit avec la houille de Sofielka est revenu en moyenne à 14 kop. le poud. Celui provenant de la houille d'Aleksandrofka à 30 kop.

Chez M. Bajefski, propriétaire à Sofielka du terrain où Pétrofski-Zavodd exploitait la houille, le coke fabriqué en meule est revenu au prix suivant :

Revient de 100 pouds de houille, redevance
   non comprise...................... 3^r,50
Main-d'œuvre...................... 2
                                        5^r,50

Le coke était fabriqué sur le lieu d'extraction du combustible et le rendement en coke de celui-ci atteignait un peu plus de 60 0/0.

Le revient était donc d'environ 8½ kop. par poud.

Briques réfractaires

L'usine possédait une fabrique de briques, composée de deux fours et d'un grand bâtiment de fabrication contenant des meules et des broyeurs activés par une machine à vapeur de la force de 7 chevaux. Les kaolins d'Olginskoe et de Novo-Troïtskoe entraient exclusivement dans la fabrication de la pâte, soit comme argile crue, soit comme ciment.

Le poud de kaolin revient à Pétrofski à 6 kop. Les premières briques sont revenues à 47 kop. le poud, mais, en dernier lieu, ce prix a diminué d'une manière sensible.

La qualité des briques n'y paraît pas être égale à celle des briques fabriquées à Louganski-Zavodd, qui sont traitées au ciment de quartz. Cette substitution du quartz au ciment fabriqué avec l'argile pourrait également avoir lieu par la suite, car on rencontre dans les psammites de Yolintsovo, à 5 ou 6 verstes à l'est de Sofiefka, des veines de cette substance.

Voici le prix de revient des 1000 pouds de briques à Pétrofski.

```
240  pouds houille pour machine,
320    »       »      »   cuisson,
     ─────────────────────────────
 560 pouds houille à 5 kop............  28 roubles.
 360    »     kaolin.....................  36    »
 720    »     ciment.....................  180    »
Enfournement et défournement.......    6    »
Main-d'œuvre de fabrication..........   48    »
Chauffeurs et machinistes.............    6    »
Outillage...............................    2    »
Planches...............................    8    »
Charpentier et forgeron...............    6    »
                    Total..........  320 roubles.
```

soit : 32 kop. le poud.

Données sur la main-d'œuvre

—

Le maître fondeur était de Silésie et recevait 80 roubles par mois.
Les fondeurs recevaient................ 60   »   »
Les chargeurs   »   »   40 à 50 kop. par jour.
Les chauffeurs   »   »   30 à 35 »   »   »
Un machiniste étranger,   »   100 roubles par mois.
       »   russe   »   26   id.
Un maître forgeron   »   30   id.
Un forgeron ordinaire   »   10,50   id.
Un bon menuisier   »   18   id.
Un maçon ordinaire   »   10   id.
Un chef maçon   »   0,75 par jour.

EXAMEN

DU

PRIX DE REVIENT PROBABLE

DE LA FABRICATION DU FER AU DONETZ

Nous venons d'examiner les richesses minérales qu'offre aujourd'hui le Donetz à la fabrication du fer ; leur ensemble actuel est probablement inférieur de beaucoup à celui qu'annonce sa constitution géologique et que le temps, en créant un état industriel plus avancé, fera découvrir. — Nous avons ensuite passé en revue les quelques exploitations d'aujourd'hui, ainsi que les premières tentatives faites en vue d'en tirer parti. — Pour terminer l'étude qui nous occupe, il ne nous reste plus qu'à chercher à apprécier le prix de revient possible de la fabrication future, et à faire suivre comme annexe le devis relatif à la construction de l'usine que l'on pourrait y édifier.

La dernière partie de ce travail est naturellement la plus épineuse : il ne suffit plus de constater des faits, mais d'en faire une appréciation exacte pour arriver à en tirer une conclusion plus ou moins vraie, que le temps sera chargé de vérifier. — Si l'on se reporte à la naissance de l'industrie dans les pays où elle est aujourd'hui prospère, tout le monde sait combien d'estimations fausses ont été faites lors de ces laborieux commencements, et la grandeur de l'inconnu qui a souvent présidé à presque toutes les appréciations relatives aux prix de revient de la fabrication future.

On a beau posséder des données certaines, basées sur les résultats obtenus quand l'industrie est solidement assise, on ne juge presque jamais sainement les résultats futurs d'une fabrication à créer en pays étranger, parce que s'il est une chose difficile à constater dans toute contrée nouvelle, c'est la quantité de travail que l'on y obtiendra pour un prix donné, et il arrive souvent qu'avec des prix de journée qui paraissent peu élevés, on arrive à produire une main-d'œuvre coûteuse.

L'aptitude de l'ouvrier, qualité qui a pour conséquence le revient peu élevé de la main-d'œuvre, étant une chose qui, par sa nature peu appréciable dans toute contrée nouvelle, échappe souvent à une juste estimation, il faut dans la détermination du prix de revient de toute future fabrication, évaluer largement tous les frais relatifs à des mains-d'œuvre dont l'assiette présente un caractère douteux ; — c'est ce que nous ferons.

REVIENT DES MATIÈRES PREMIÈRES

Houille

Le prix de revient général de la houille dans toutes les exploitations que nous avons visitées, sauf celles de Lisitschansk, est d'environ 4 kop. par poud, soit, en prenant le rouble au pair, 16 cent. pour 16 kilog; — soit : 10 fr. la tonne.

Dans tous les bassins de l'occident de l'Europe, ce prix varie entre 6 et 8 francs par tonne, et ce n'est que dans quelques bassins que l'exploitation des houilles grasses présente un prix de revient un peu plus élevé. — On pourrait donc, à la rigueur, prendre le prix de revient actuel du Donetz comme prix normal, avec espoir de voir ce prix diminuer légèrement lorsque les exploitations seront mieux conduites et que le chiffre d'extraction atteindra la valeur qu'un développement d'industrie doit lui donner. Néanmoins, nous préférons lui assigner un chiffre plus élevé.

En tenant compte du transport à l'usine, transport peu coûteux, parce que nous supposons l'usine assise non loin de l'exploitation ferro-carbonifère et reliée naturellement à celle-ci par un petit chemin de fer, nous compterons :

Le charbon de grille à 12 fr. 50 la tonne, soit 3^r 12½ les 61 pouds ou 5 $\frac{12}{100}$ kop. le poud.

Le charbon pour coke à 14 fr. la tonne, ou à peu près à 5¾ kop. le poud.

Coke

—

A l'analyse, les houilles dont les noms suivent rendent
en coke :

Sofiefka 80 0/0
Aleksandrofka .... 71 »
Lisitschansk .... 60 »
Gouloubofka .... 63 »

Aux fours, ces rendements sont diminués d'environ
10 0/0, de façon que le rendement industriel en coke
mis au fourneau n'est plus que de :

Sofiefka 72 0/0
Aleksandrofka .... 64 »
Lisitschansk .... 54 »
Gouloubofka .... 57 »

En comptant 2 fr. pour frais de fabrication et réparation des fours, prix que nous croyons suffisant pour
parer à un commencement d'industrie qui entraîne toujours des mécomptes, l'on a les prix suivants par tonne
de coke :

SOFIEFKA		ALEKSANDROFKA		LISITCHANSK		GOLOUBOFKA	
kilos	fr.	kilos	fr.	kilos	fr.	kilos	fr.
1430 houille	20,02	1560 houille	21,84	1850 houille	25,90	1750 houille	24,50
Main-d'œuvre	2	Main-d'œuvre	2	Main-d'œuvre	2	Main-d'œuvre	2
Totaux.	22,02		23,84		27,90		26,50

soit par poud :

kop.	9,02	10	11,42	10,86

La moyenne est de 25 fr. par tonne ou 10 $\frac{9}{10}$ kop. par poud. C'est le chiffre que nous adopterons, bien qu'il soit peu probable que l'on aille maintenant édifier des usines à fonte dans le nord du bassin, là où le rendement du combustible en coke est assez restreint, par suite de la nature gazeuse du combustible.

Minerais

Le prix de revient de ceux-ci, rendus à l'usine de Pétrofski, a été d'environ 6 $\frac{2}{3}$ kop. par poud, soit environ 27 centimes par 16 kilogrammes, ou 16 francs la tonne, en y comprenant le concassage.

Dans ce prix, le transport et le bénéfice du marchand entrent pour les $\frac{2}{3}$ du prix de revient. — Dès-lors, l'extraction en elle-même ne figure que pour 5 fr. 67 à la tonne.

Il y a peu de chose à dire sur ce dernier chiffre, si ce n'est qu'il est encore trop élevé pour des minerais exploités aux affleurements et qui n'exigent qu'un concassage et un léger triage, sans que l'on soit obligé d'avoir recours à un lavage. — Dans les mêmes conditions, nos mineurs belges n'exigeraient guère autant; nous préférons cependant nous en servir comme base de nos calculs pour le minerai hydraté à recevoir d'un certain rayon autour de l'usine.

Le prix de celui-ci serait alors approximativement de :

francs
5,67 pour extraction proprement dite, par tonne,
3,75 pour transport à 15 kilomètres, par tonne (1),
0,60 pour redevance au propriétaire,
1,00 pour divers.
____
soit 11,02 par 1,000 kilogrammes.

(1) Ce prix correspond à 25 cent. par tonne et par kilomètre. M. Guillemin évalue les transports par bœufs, du Volga du Don, à $\frac{1}{13}$ kop. par

Quoiqu'il en soit, nous compterons 12 francs la tonne, soit à peù près 5 kop. par poud.

Quant aux minerais à extraire non loin de l'usine et naturellement par la houillère, ils ne présenteront qu'un transport restreint, si l'on a bien choisi l'emplacement de l'usine, mais coûteront, en revanche, un plus haut prix d'extraction. — En Angleterre, dans le pays de Galles, les minerais rendant 30 0/0, et présentant probablement la même nature que celle que les minerais prendront en profondeur, reviennent de 11 à 12 fr. la tonne rendue à l'usine. Les minerais grillés d'Ecosse rendant 55 0/0 y reviennent à 20 fr. En comptant :

les hydrates à 40 0/0 de rendement au prix de 12 f. la tonne, soit 5 k. le poud
les carbonates crus, à 30 0/0 » 15 » 6 $\frac{15}{100}$ »
les carbonates grillés à 50 0/0 » 25 » 10 »

poud et par verste, soit 20 cent. par tonne et par kilomètre ; des lacs de Crimée à Ekatérinoslaw, à $\frac{1}{50}$ kop. par poud et par verste, soit 12 cent. par tonne et par kilomètre. Pour les transports à l'usine, nous admettons 25 centimes par tonne kilométrique, soit $\frac{10}{97}$ kop. par poud-verste. Les chemins de fer de la Russie méridionale transportent le fer et la fonte au prix de $\frac{1}{12}$ kop. par poud-verste, soit 23 centimes par tonne kilométrique, et à raison de 10 kop. par verste les 500 pouds de coke, chaux, minerais et houille. Cela fait 4 $\frac{6}{10}$ centimes par tonne kilométrique.

D'après M. Guillemin, le bassin carbonifère de Moscou contient aussi des minerais en couches, dont le rendement est de 50 à 55 0/0. Le dérantage que l'on paye à la Couronne pour l'exploiter dans les terres dont elle est propriétaire est de $\frac{1}{2}$ kop. par poud. Dans les terrains des particuliers, cette redevance s'élève à 1 $\frac{1}{2}$ kop., et l'extraction se paye 1 kop.

Sur les lieux d'extraction, ces minerais reviennent donc de 3 fr. 05 à 5 fr. 75 la tonne. Egalement d'après M. Guillemin, des minerais Permiens en couches horizontales de $0^m 17$ — $0^m 44$ et 1 mètre d'épaisseur, et présentant beaucoup d'analogie avec les minerais de même genre Nikitof, reviennent par 100 pouds

Extraction............. 2
Outils, bois et cordes.... 0,20
Transport............. 0,285
____
2,485 r. soit 6 f. 07 la tonne.

et associant ces trois minerais par tiers pour la composition du lit de fusion, on a une dépense de 52 fr. pour 3,000 kilogrammes de minerais donnant 1,200 kilog. de fonte, ce qui représente une dépense de 43 fr. 33 par tonne de fonte pour la valeur du minerai : — nous compterons néanmoins 50 francs.

Cette dépense en minerai, par tonne de fonte, en comptant les hydrates au prix de 17 francs par tonne, et en s'en servant exclusivement pour la composition du lit de fusion, serait de 42 fr. 50 par tonne de fonte.

Castine

Nous compterons son coût à l'usine à raison de 10 fr. par tonne de castine concassée.

Comme on le voit, ces prix sont calculés de manière à faire face à certaines éventualités dans toute usine ayant dans ses exploitations de l'ordre et la pratique des choses. — Quoique élevés, il pourrait néanmoins arriver qu'ils soient insuffisants, pour des exploitations conduites par des hommes inexpérimentés, pour couvrir des frais d'exploitation.

Passons maintenant à la fabrication de la fonte à laquelle j'ai hâte d'arriver.

FABRICATION DE LA FONTE

Le but du maître de forges, de même que celui de tous les industriels en général, est naturellement de faire rapporter le plus large intérêt possible aux capitaux qu'il consacre à son industrie. Quand, malgré une certaine surélévation du capital de premier établissement, on peut arriver à une production plus forte que le rapport avec les capitaux employés, on hésite rarement à chercher à atteindre ce but, car il a pour effet d'augmenter l'intérêt du capital engagé.

Si l'on examine aujourd'hui en quoi consistent les efforts que fait en ce moment, dans les principaux centres de production de l'occident de l'Europe, l'industrie de la fabrication de la fonte pour arriver au progrès et à soutenir avec la plus grande supériorité possible la rude concurrence qui paraît désormais être le stimulant de notre époque en fait d'industrie, on reste surpris de l'accroissement de plus en plus prononcé que prend le nombre de fourneaux de grandes dimensions. Ce nombre va toujours en augmentant, et les dimensions prennent des proportions de plus en plus gigantesques.

Le volume de cuve qui jadis n'atteignait pas toujours le chiffre de 150 mètres cubes, atteint aujourd'hui celui de 470 et au delà.

Cette augmentation de volume a naturellement des motifs sérieux d'exécution qui dépendent de nouvelles obligations de technologie métallurgique, auxquelles le maître de forges cherche à satisfaire.

Nous allons tâcher d'apprécier ces obligations, car elles ont une très-grande importance et résument tout un programme à réaliser, dans la construction des usines nouvelles,

Comme nous l'avons déjà fait remarquer à propos des fourneaux du système Raschette, lorsque les autres conditions de marche sont identiques, l'unité qui sert à mesurer aujourd'hui la production possible d'un haut-fourneau est le mètre cube de volume de cuve. D'après l'importance de ce volume, deux fourneaux de forme semblable, traitant les mêmes matières et conduits de la même façon, peuvent toujours se comparer sous le rapport du chiffre de production.

La hauteur du fourneau restant la même, on a remarqué que les dépenses d'installation n'augmentaient pas en proportion du volume de cuve, c'est-à-dire du chiffre possible de production. En supposant des hauteurs égales de fourneaux, le rayon de la surface représentant la moyenne des différentes sections de la cuve par des plans perpendiculaires à la hauteur peut être pris d'une façon suffisamment exacte comme représentant les autres dimensions. Or, l'expérience a prouvé que, tandis que les frais d'installation augmentaient en raison de la circonférence, et, par suite, du rayon de cette surface, la capacité suivait une progression proportionnelle au carré de ce rayon. En un mot, que par tonne de fonte produite dans le même temps, les petits fourneaux sont de construction plus chère que ceux de grandes dimensions.

Pour fixer l'attention, supposons des fourneaux présentant respectivement des rayons de section moyenne de

Mètres....... 1,5   2   3

les dépenses d'installation seront proportionnelles à ces nombres, tandis que les capacités seront représentées par leur carré:

2,25   4   9

Si l'on prend pour unité les conditions du coût et de

production du fourneau de 1ᵐ,5 de rayon, on trouve pour les proportions du coût et de la production des deux autres, les chiffres suivants :

Fourneau de	1.50	2	3 mètres de rayon.
Dépenses d'installation	1	1,33	2
Chiffres de production	1	1,77	4

Le bénéfice étant en rapport avec la quantité de fonte produite, on voit que les grandes dimensions coûtent moins, par tonne de fonte faite en un temps donné, que les petites.

Ce que nous venons de dire des fourneaux, on peut en dire autant des machines, car on sait que les prix par unité de force diminuent dans un certain rapport avec l'élévation de la puissance de la machine, et il doit en être ainsi des autres appareils.

Voilà pour le premier point.

Le second a trait à une utilisation plus parfaite de l'emploi du combustible au haut-fourneau. —Jadis, dans les comparaisons toujours utiles auxquelles on est porté quand on veut se rendre compte d'une chose, on jugeait de la marche d'un fourneau en comparant les chiffres de consommation de coke apportés à une unité qui était la tonne de fonte. Un haut-fourneau était censé marcher d'autant mieux que la consommation en combustible pour fabriquer une tonne de fonte était plus restreinte. Cette manière de compter ne convient que quand les fourneaux à comparer présentent le même volume de cuve et traitent des matières de même nature, en offrant une production journalière de même chiffre. On sait aujourd'hui que les quantités consommées de combustible varient par tonne de fonte, d'abord d'après la quantité produite de laitier et la température possédée par la fonte et le laitier au sortir du fourneau, ensuite d'après la température que les produits de la combustion conservent au sortir du gueulard et qui peut varier dans des proportions assez étendues. La quantité de calorique sensible ainsi entraînée en pure perte s'élève de la moitié à la septième partie de la valeur calorique du coke employé.

Enfin, on est arrivé à constater que le calorique ainsi perdu était, dans un certain rapport, en raison inverse du volume de chauffe, quand la production restait la même.

Les grandes dimensions sont donc utiles, soit que l'on désire arriver, avec une somme donnée de premier établissement, à une grande production, soit que l'on ait pour but de rechercher un plus grand coefficient de l'effet utile du combustible. Ces deux points paraissent, au premier abord, s'exclure mutuellement par suite de leur caractère absolu ; mais au métallurgiste à examiner les circonstances diverses du prix de revient qui doivent déterminer sa ligne de conduite pour atteindre le chiffre le plus élevé possible de bénéfices. C'est donc à lui de s'efforcer, lors de l'examen de son prix de revient et du bénéfice auquel il donne lieu, de faire des comparaisons sur les différences qu'apporteraient tels ou tels changements, opérés dans tel ou tel ordre d'idée, dans la variation des bénéfices, selon le chiffre du capital employé.

On parvient ainsi à déterminer s'il y a lieu de préférer une production portée à sa limite par mètre cube de volume de cuve, à une production plus faible mais accompagnée d'une économie de combustible. Assez généralement, on arrive à prendre le parti des grandes pro-

ductions dans la fabrication pour fonte de forge; et à se
déterminer pour une économie de combustible dans celle
pour fonte de moulage. Mais on doit comprendre facilement que ce ne sont là que des cas particuliers du pro-
blème.

Ce qui précède indique que nous sommes partisans
des grandes dimensions de fourneaux et que nous les
considérons comme réalisant un progrès de grande importance. — Il est maintenant une question se rattachant
plus ou moins au même ordre d'idées et sur laquelle nous
devons dire un mot, car quelques métallurgistes seront
surpris de voir eucore figurer, pour une somme assez importante, le combustible pour chaudières et pour appa-
rels à air chaud, dans les prix de revient auxquels nous
allons arriver.

Cette question est celle de l'utilisation des gaz au
chauffage, soit des générateurs, soit des appareils à
chauffer l'air.

L'examen complet des motifs du pour et du contre,
dans cette question qui est de nature excessivement com-
plexe, sortirait trop du cadre où se trouve placé un rapport. Nous poserons donc seulement nos conclusions,
en les appuyant de quelques considérations.

Si l'on considère que la somme des bénéfices réa-
lisés par une industrie se compose de la différence glo-
bale entre le prix de revient et le prix de vente de la
fabrication et qu'elle peut être regardée comme provenant d'un produit fourni par un multiplicande qui est
la différence, par unité de poids, entre ces deux prix, et
d'un multiplicateur qui est le chiffre de production, on
arrive facilement à comprendre l'influence de ce dernier
chiffre.

Avec des dépenses en matières premières restant les mêmes, par unité de poids des produits, des frais généraux et une main-d'œuvre dont la répartition par cette unité diminue, et est presque en raison inverse du chiffre de production, le même capital de premier établissement et un capital un peu plus élevé de roulement, on arrive à une somme de bénéfices souvent plus rémunérateurs.

Cette influence du chiffre de production est, du reste, parfaitement comprise par tous ceux qui s'occupent d'industrie.

Quand on prend les gaz pour les utiliser au chauffage des chaudières et des appareils, c'est que l'on croit réaliser une économie de combustible qui présente d'autant plus d'importance que le prix du charbon est plus élevé, ou qu'on en dépense plus par suite de la mauvaise construction des machines, chaudières ou appareils. En ne considérant que la non-consommation de combustible consommé ainsi, on arrive facilement à croire à une économie qui dépasse toujours deux francs à deux francs cinquante centimes par tonne de fonte.

Le chiffre de production, par jour et par mètre cube de capacité de cuve, peut atteindre, dans les fourneaux au coke traitant des minerais ordinaires, des valeurs de 2 à 300 kilogrammes. Avec des minerais riches et de réduction facile, ce chiffre peut s'élever à une valeur de 500 kilogrammes et plus. Généralement les fourneaux n'arrivent pas à cette production, par suite de la faiblesse ou du mauvais état de la machine soufflante, et il arrive alors que l'influence fâcheuse des prises de gaz est peu considérable et qu'elle apporte une certaine économie. Mais quand le fourneau présente son maximum de production, et que, par suite, les parties supérieures de la

cuve sont relativement à une température élevée, il se
trouve que, jusque maintenant, les prises de gaz, plus ou
moins, selon leur système, gênent d'abord plus ou
moins l'écoulement de la colonne gazeuse et ensuite ont
pour effet d'amener dans la zone de réduction du minerai, un manque d'uniformité auquel on est forcé de porter remède par un séjour plus prolongé du minerai
dans cette zône, et c'est ce qui ne peut se faire sans
diminuer plus ou moins notablement le chiffre de production. Il arrive alors que cette diminution amène une
répartition plus grande des frais généraux et plus ou
moins de la main-d'œuvre par unité de poids de la fabrication, et cette élévation est parfois assez forte pour
contre-balancer l'économie de combustible. On produit alors au même prix la tonne de fonte, mais produisant moins, on ne gagne qu'en proportion.

Dans toutes les usines nouvelles il vaut donc mieux
se monter en bonnes machines, consommant peu de
combustible et d'une force suffisante pour atteindre le
chiffre le plus élevé possible de production, quand d'autres motifs ne viennent empêcher la chose d'avoir
lieu.

Dans les ordres d'idées relatées plus haut, voici le prix
de revient de la fonte, en supposant une production annuelle de 16,000 tonnes, soit environ 1,000,000 de
pouds de fonte de forge.

Revient d'une fabrication annuelle d'un fourneau produisant
un million de pouds.

—

TONNES			PAR TONNE		PAR POUD	
	fr.	fr.			fr.	kop.
17.600 coke à	25	440,000	11,00 coke		27,50	11,27
40.000 mine	20	800,000	25,00 mine		50,00	20,50
9.600 castine	10	96,000	600 castine		6,00	2,46
2.550 charbon	12,50	32,000	160 charbon		2,00	0,82
Main-d'œuvre........		120,000			7,50	3,07
Entretien d'outillage et réparations........		32,000			2,00	0,82
Frais généraux.......		80,000			5,00	2,05
Total........		1,600,000			100,00	41,00

Ce prix est naturellement élevé pour la fonte de forge,
si l'on considère les conditions de gisement des minerais, combustibles et castine exploités près de l'usine.
Dans des pays industriels on arriverait certainement à
une diminution de 33 0/0; mais, pour le Donetz, il vaut
mieux compter ainsi. Passons maintenant à la fabrication de la fonte moulage.

Revient d'une fabrication annuelle d'un fourneau produisant
11,000 tonnes de fonte de moulage, soit 671,000 pouds.

—

TONNES			PAR TONNE		PAR POUD	
	fr.	fr.			fr.	kop.
17,600 coke à	25	440,000	1,600 coke		40,00	16,40
27,500 mine	20	550,000	2,500 mine		50,00	20,50
9,600 castine	10	96,000	873 castine		8,72	3,47
3,000 charbon	12,50	37,500	273 charbon		3,41	1,40
Main-d'œuvre........		120,000			10,91	4,47
Entretien et réparation		32,000			2,91	1,20
Frais généraux.......		80,000			7,27	2,98
Total........		1,355,500			123,22	50,42

Soit 50 kop. par poud.

En comptant la fonte de moulage brute à 125 francs la tonne, le prix de revient de la tonne de fonte moulée peut être évalué au prix suivant :

Revient de la fonte moulée par tonne.

—

	fr.	kop. par poud.
1,070 kilog. de fonte à 125 francs.	133,75	54,837
150 » coke 25 »	37,50	15,375
5 journées de mouleurs à 1 rouble	20,00	8,200
3 » manœuvre........	6,00	2,460
Marchandises diverses...........	3,50	1,435
Soufflerie....................	5,00	2,050
Réparations.................	2,50	1.025
Fonte moulée................	3,00	1,230
Frais généraux..............	10,00	4,100
Total........	221,25	90,712

FABRICATION DU FER

—

En partant des prix suivants pour les matières premières :

	fr.	kop. par poud.
Prix de la tonne de charbon......	12,50	5,128
» » fonte d'affinage.	100,00	41,000

Il nous reste à évaluer la fabrication du fer.

Pour l'évaluation de la main-d'œuvre et des autres frais, nous prendrons pour bases les chiffres qu'à présentés une usine, construite à l'étranger, à peu près dans les mêmes conditions que celles où se trouvera toute usine construite maintenant au Donetz. Cette usine est celle de Reschitza, dans le Banat, appartenant à la Compagnie Impériale et Royale des Chemins de Fer Autrichiens.

Nous baserons nos chiffres sur ceux présentés dans cette usine, courant l'année 1862.

Fabrication de l'ébauché nᵒˢ 1, 2 et 3 en castine

Le prix de revient, par tonne, peut être évalué comme suit :

	fr.		kop.
1,450 kil. fonte à 100 fr.	115,00	soit par poud	47,150
1,150 charbon à 12 fr. 50	14,30	»	5,863
Main-d'œuvre	15,00	»	6,150
Manœuvres	4,00	»	1,640
Graisses et produits refractaires	8,25	»	3,382
Usure d'outillage	2,45	»	1,004
Frais généraux	7,00	»	2,870
	166,00	»	68,059

soit : 166 francs la tonne, ou 68 kop. le poud.

Fabrication des corroyés et fers marchands ordinaires

	fr. par tonne		kop.
1,350 kil. ébauché à 166 fr. la tonne	225,10	soit par poud	92,291
700 charbon à 12 fr. 50	8,75	»	3,588
Main-d'œuvre	8,00	»	3,280
Manœuvres	3,50	»	1,435
Graisses et produits réfractaires	7,50	»	3,075
Usure d'outillage	2,15	»	0,881
Frais généraux	7,00	»	2,870
	262,00	»	107,42
A déduire 180 kil. bouts à 166 fr. la tonne	29,68	»	12,25
Reste	232,12	»	95,17

Revient d'une tonne de rails

Nous supposerons le train desservi par trois fours recevant, par 24 heures, 40 tonnes de paquets : cette quantité correspondant à 30 tonnes rails reçus et à 6 tonnes bouts et rebuts,

	fr.		kop.
888,8 kil. fer ébauché à 166 fr. la tonne	147,54	soit par poud	60,491
444,4 kil. corroyé à 232 fr. 12.....	103,15	»	42,291
700 houille à 12 fr. 50.......	8,75	»	3,588
Main-d'œuvre.....................	15,50	»	6,355
Manœuvres......................	4,23	»	1,734
Graisse et produits réfractaires....	9,05	»	3,710
Outillages......................	2,20	»	0,902
Frais généraux de l'usine.........	7,00	»	2,870
	297,42	»	1,21,941
A déduire 200 kil. bouts à 232 fr. 12 la tonne...	46,42	»	18,934
Totaux.........	251,00	»	1,03,007

soit donc : 251 francs la tonne, ou 1ʳ 03 le poud.

La main-d'œuvre générale, par poud de rails, est de 21,83 kop.

Après les rails, viennent naturellement les éclisses et les plaques d'assises. Nous allons donner le prix de revient probable de ces fabrications.

Revient d'une tonne de plaques d'assises pour rails.

—

		fr.		kop.
433 kil. ébauché à fr. 166 la tonne		71,83	soit par poud	29,467
867 corroyé	232,12	201,24	»	82,508
600 charbon	12,50	7,50	»	3 075
Main-d'œuvre		24,00	»	9,840
Manœuvres...............		4,25	»	1,743
Graisse et produits réfractaires		8,50	»	3,485
Outillage.................		2,25	»	0,922
Frais généraux de l'usine....		7,00	»	2,870
		326,61	»	1,33,910
A déduire, 200 kil. rebuts..		46,42	»	19,032
Revient de la tonne..	fr.	280,19	kop.	1,14,878

Revient d'une tonne d'éclisses

—

		fr.		kop.
933 kil. ébauché à fr. 166 la tonne		155,84	soit par poud	63,894
467 corroyé	232,12	108,40	»	44,444
800 charbon	12,50	10,00	»	4,100
Main-d'œuvre.............		21,00	»	8,610
Manœuvres...............		4,25	»	1,743
Graisse et produits réfractaires		10,00	»	4,100
Outillage.................		2,30	»	0,943
Frais généraux de l'usine....		7,00	»	2,870
		318,79	»	1,30,704
A déduire, 230 kil. rebuts....		53 30	»	21,853
Revient par tonne	fr.	265,49	kop.	1,08,851

En calculant la fabrication des tôles fines comme à l'usine de Reschitza, on aurait le prix de revient suivant :

Revient d'une tonne de tôle fine

—

	fr.	fr.		kop.
1450 kil. corroyé à 232,00 la tonne		336,54	soit par poud	1,37,981
1600 charbon 12,50		20,00	»	8,200
Main-d'œuvre.............		44,60	»	18.286
Manœuvres.............		4,20	»	1,722
Graisse et produits réfractaires..................		8,37	»	3,432
Outillage et divers		2,15	»	0,882
Frais généraux de l'usine..		7,00	»	2 870
		422,86	»	1,73,373
A déduire 300 kil. rognures		50,80	»	20,828
Revient de la tonne.		372,07	du poud	1,52,545

Si nous récapitulons les prix de revient des fers finis,
l'on a :

	fr.		roub.	
Corroyé ou fer marchand ordinaire	232,12 la tonne, ou	0,951 le poud		
Rails...........................	251,00	»	1,03	»
Plaques d'assise...............	289,19	»	1,148	»
Eclisses	265,49	»	1,088	»
Tôles fines....................	372,07	»	1,525	»

Par tonne de fers finis, la Société Impériale et Royale
des Chemins de Fer Autrichiens comptait, pour frais généraux, outre ceux de l'usine proprement dits, $15 \frac{3}{10}$ kreutzers par quintal, soit 6 fr. 83 par tonne, ou, environ,
3 kop. par poud.

Si l'on tient compte qu'en Russie l'intérêt de l'argent
doit être au moins de 10 0/0, on trouve qu'il faut pour
cela que les prix relatés plus haut soient grevés de 40 fr.
par tonne de fer, ou de $16 \frac{4}{10}$ kop. par poud.

On a alors les prix de revient suivants :

	fr.		roub.	
Rails	291,00	la tonne ou	1,15	le poud.
Plaques d'assises .	320,19	»	1,19	»
Éclisses........	305,49	»	1,21	»
Tôles fines.......	412,06	»	1,68	»

Revient des rails étrangers, et prix de vente des fers à Odessa.

En payant, en Belgique, mis à bord, à Anvers :

les rails à raison de........	170 fr. la tonne
les éclisses...............	250 —
les plaques d'assises.......	230 —

et le fret pour Odessa pouvant descendre à 32 fr. par navire à voiles, les fers cités plus haut y reviendraient, en faisant abstraction des droits d'entrée :

			roub.
Rails..........	202 f. la tonne. Le rouble étant à 3 f. 20 : — poud		1,03 ½
Éclises	282	—	1,44
Plaques d'assises 262		—	1,34

Aujourd'hui, à Odessa, le prix actuel du fer varie entre 2 r. 10 et 2 r. 30 le poud, mais ce prix peut descendre jusqu'à 1 r. 65, quand le change du rouble est au pair.

Les tôles fines pour couvertures coûtent aujourd'hui 3 r. 30 à 3 r. 60 le poud, mais ce prix peut descendre à 2 r. 75.

Les droits d'entrée des douanes de l'empire sont les suivants, par poud :

Fontes............... 5 kop.
Fers en barres...... 35 »
Petits fers.......... 45 »
Tôles............... 70 »

Les rails n'entrent en franchise de droit que par faveur spéciale, et parce qu'on n'en fabrique que peu ou point dans l'empire. Si l'on ajoute aux prix des rails et accessoires belges rendus à Odessa, le droit d'entrée de 35 kop., on obtient les prix suivants :

Rails....... 1,38 le poud
Plaques..... 1,69 »
Eclisses..... 1,79 »

Par poud de rails et accessoires fabriqués au Donetz, il y aurait alors, en faveur de la fabrication indigène, un bénéfice d'environ 25 kop. par poud.

Production et prix de vente du fer en Russie

La production générale du fer dans l'empire russe peut être évaluée à 36,000,000 pouds, soit 390,000 tonnes. Sur cette quantité, l'Oural en fournit environ 19,000,000 de pouds, et les forges du centre de l'empire, 8,000,000.

En rapportant par habitant la production du fer dans certains pays de l'Europe, on trouve que :

la Grande-Bretagne produit env. 120 kil. de fer par an et par hab.
la Belgique — 50 —
la Prusse — 30 —
la France — 24 —
la Russie — 10 —

L'industrie du fer est donc relativement peu développée en Russie, et sauf le centre métallurgique de l'Oural, et celui du centre de l'empire, les autres présentent peu d'importance. En ce moment, la sidérurgie est dans un état peu prospère, et il y a tendance à la baisse.

L'Oural voit chaque année décroître l'importance de ses forêts, au point que l'on peut lui prédire, d'ici à quelque temps une diminution rapide de sa production. Les transports coûteux dont sa fabrication est surchargée, pour arriver aux centres de consommation, ne permettent guère de croire que, tant que ce centre ne sera pas relié par des voies ferrées au reste de l'empire, il puisse réduire ses prix de vente.

Pour les fers, on sait que la foire de Nijni-Novogorod est le principal marché en Russie. — Les longs transports que les fers de l'Oural ont à subir pour y arriver, et le temps qu'ils exigent, ne facilitent pas les relations. Il en est de même pour la manière dont les ventes se règlent ; elles sont généralemant payées un tiers ou moitié lors de la commande, et le reste payable à la foire suivante. Il faut avouer que ce n'est commode ni pour l'acheteur, ni pour le vendeur.

Voici les prix auxquels ont été cotés les fers, à la foire du mois d'août 1866.

	roub.
Tôles...............................	2,60 le poud.
Bandages de roues............	1,48 »
Feuillards.......................	1,53 à 1,59
Gros-plats.......................	1,39 ½
Petits-plats.....................	1,44
Ronds.............................	1,55
Carrés............................	1,53

Soit environ une moyenne de 1 r. 50 pour les fers marchands ordinaires.

Rendus dans la Russie méridionale, ces fers sont augmentés d'un transport, dont le coût varie de 50 à 70 kop. par poud, pour un transport d'environ 1,000 verstes, de façon que les prix de revient aux lieux de consommation sont de 2 roubles à 2 r. 20, le poud.

Ces fers ne peuvent donc pas se vendre en détail, à moins de 2 r. 10 à 2 r. 30. Aussi, quand le cours du rouble est élevé, les fers étrangers viennent-ils leur faire une forte concurrence.

En vendant le fer du Donetz 1 r. 70, le poud, pris à l'usine, et en comptant un transport de 25 kop., par poud, et un bénéfice de 20 kop. pour le marchand, ce fer pourra se vendre 2 r. 15, dans un certain rayon autour de l'usine.

En comptant dans les prix de revient l'intérêt à 10 0/0 du capital employé, il revient à 1 r. 20. C'est donc un bénéfice de 50 kop. par poud.

Les rails ne donnent pas un bénéfice aussi considérable, car ceux de provenance étrangère, droits d'entrée compris, et le cours du rouble supposé à 3 fr. 20, reviennent environ à 1 r. 40. Le prix de revient tel que nous l'avons établi est de 1 r. 15. Le bénéfice n'est donc que de 25 kop. par poud, sur ce genre de fabrication.

De ce qui précède il résulte donc que, protégée par les droits d'entrée actuels, et en présence d'une industrie sidérurgique implantée à une grande distance, et grevée de transports longs et coûteux pour arriver à fournir ses produits dans la Russie méridionale, la fabrication du fer au Donetz, telle que nous venons de l'examiner, présente des conditions rémunératrices suffisantes pour justifier la pensée de créer dans certaines parties du bassin un rudiment d'industrie sidérurgique.

Si l'on fait attention que, lors de toute création d'industrie il y a souvent des mécomptes, et que le Donetz ne présente qu'une population agricole peu dense, dont il est difficile d'apprécier la future aptitude industrielle, on comprendra qu'il est impossible de juger sainement les conditions industrielles et commerciales qui y présideront aux débuts de la fabrication du fer, ni des sacrifices qu'il faudra faire pour se créer des débouchés. Il faut dès lors convenir qu'il serait peu prudent d'assigner une valeur plus élevée que nous ne l'avons fait aux bénéfices que pourrait y rapporter un capital donné.

Tout ce qu'on peut dire, c'est que, dans certaines parties du pays, les richesses paraissent assez bien déterminées pour amener la croyance fondée qu'une usine bien conçue, munie de capitaux de roulement suffisants, et dirigée par un homme intelligent et au courant de la pratique, arriverait à une fabrication dont les conditions s'amélioreraient rapidement et qu'elle finirait par se développer plus ou moins facilement.

Il ne faut pas se tromper, ce qui a manqué jusqu'aujourd'hui dans les essais qui ont eu lieu, c'est l'homme pratique. On sait cependant que, même dans nos contrées, où l'industrie est établie depuis longtemps, et où elle présente à peu près partout des conditions identiques, on constate parfois que telle usine rapporte de beaux bénéfices, tandis qu'une autre, placée à côté, fait peu de chose. Cela tient à la manière dont les affaires sont conduites. Tout dépend donc au Donetz, et plutôt là qu'ailleurs, de l'homme qui sera appelé à tirer parti des richesses que l'on y rencontre.

L'appât des gros bénéfices pourrait seul déterminer les capitaux étrangers à se porter vers la création de l'industrie, dans une contrée aussi éloignée que le Donetz ; cependant, quel que soit le présage que puisse offrir l'état de ses richesses minérales et l'intérêt qu'il y aurait de les présenter comme certaines, il faut bien convenir que tant qu'une première affaire ne sera pas venue apporter un caractère de vérité incontestable aux prévisions qui existent, il serait difficile de préciser avec certitude les succès réservés aux futures exploitations.

Le gouvernement de l'empire a toujours porté un vif intérêt au développement de l'industrie métallurgique. Sa création au Donetz favoriserait singulièrement les propriétaires du sol, en tirant parti des richesses minérales, et la classe laborieuse, en lui fournissant les moyens d'améliorer son sort par un travail plus rémunérateur que la petite agriculture à laquelle elle se livre. La grandeur du but justifierait donc l'intervention de la Couronne, lors des premiers pas de l'industrie, soit en avançant des capitaux, soit en obligeant les compagnies qui se présentent pour l'obtention des concessions relatives aux grandes lignes ferrées en projet, qui doivent relier la Russie méridionale au reste de l'empire, à créer des usines pour fabriquer les rails dont elles auront besoin.

Par ce dernier moyen, on arriverait à assurer les premiers débouchés de l'industrie naissante, sans grever de beaucoup le coût par verste de chemin de fer, et l'expérience une fois faite et réussie formerait un présage des plus favorables pour le développement futur.

Ce moyen est naturellement celui auquel il faudrait avoir recours, et cette intervention de la Couronne serait certainement du caractère le plus efficace.

De tous les points du bassin, la Selle de Jelieznoe est aujourd'hui celui où la constatation des richesses minérales est le plus prononcée. On pourrait commencer par là, car les autres points, comme Bechevo, Aleksandrofka, Goloubofka, exigeront de nouvelles recherches avant que l'on puisse atteindre au même degré de certitude.

Cependant, pour Aleksandrofka, pour peu qu'on y arrive à constater l'existence de minerais en couches, il s'y présente une ressource que les autres points n'offrent pas. C'est celle de pouvoir obtenir de Stila et de Kara-kouba des minerais dont le prix de revient futur ne sera que de 12,50 à 15 francs la tonne, soit $5\frac{1}{8}$ kop. à $6\frac{1}{7}$ kop. le poud, rendu à l'usine, et peut-être à moins, tant que l'industrie, ne réclamant pas un trop grand nombre de bras, n'aura pas surélevé le prix de la main-d'œuvre.

Aujourd'hui, on aurait les minerais de Stila à 3 kop. le poud rendu à Aleksandrofka, soit 7 fr. 33 la tonne de 1,000 kilogrammes. En lui supposant un rendement industriel seulement de 40 0/0, cela représenterait une dépense, en minerai, de 18 fr. 32 par tonne de fonte, soit 7,51 kop. par poud, et on sait que, dans nos estimations de prix de revient, nous avons compté 50 francs par tonne, ou $20\frac{1}{2}$ kop. par poud de fonte, pour tenir compte de la surélévation du prix de revient des minerais, quand il faudra les extraire à grande profondeur et que l'on sera peut-être forcé de les griller, parce qu'ils auront changé de nature.

En tenant compte de cette considération, de même que du caractère plus franchement gras que présente la houille d'Aleksandrofka, on arrive facilement à désirer que des recherches sérieuses soient faites pour rencontrer dans les environs le minerai carbonifère en couches.

Si ces recherches présentaient un résultat favorable, il n'y aurait pas de doute que la position d'Aleksandrofka équivaudrait et surpasserait peut-être même celle de Sofiefka ou autre de la Selle de Jelieznoe; car, le long de cette crête de partage, les ruisseaux ne présentent jamais beaucoup d'eau, et on sait combien celle-ci est indispensable aux usines.

Tels sont, jusqu'aujourd'hui, les deux points qui fixent en premier lieu l'attention; cependant il faut convenir que, par la suite, lorsque leurs richesses seront mieux connues, beaucoup d'autres auront également le privilége d'offrir des positions favorables à l'industrie. Tout le bassin des houilles plus ou moins grasses et certaines parties des régions de l'anthracite où les minerais seraient abondants, présenteront tôt ou tard des garanties sérieuses à la fabrication du fer, lorsque leurs richesses probables auront été constatées.

Le bassin du Donetz est donc encore, en un mot, un immense champ vierge, dont l'exploration, à peine commencée, exigera plusieurs générations d'ingénieurs pour être complète. Il restera donc à nos descendants de magnifiques trésors miniers à découvrir, quelle que soit l'abondance de notre riche moisson.

DEVIS D'USINE

Il nous reste à présenter un devis d'usine. — Comme les principaux débouchés de la future fabrication du Donetz ne peuvent, en premier lieu, être que les fournitures de rails et accessoires à faire aux compagnies des chemins de fer russes, nous allons présenter le prix de revient d'une usine fabriquant les mêmes produits et construite dans le genre de celles de l'Europe occidentale.

Nous supposons l'usine composée de :

1° Une houillère ;

2° Une fabrique de coke pouvant produire journellement 8,000 pouds.

3° Une fabrique de briques réfractaires.

4° Deux fourneaux aptes à une production annuelle de deux millions de pouds de fonte de forge.

5° D'un laminoir pouvant travailler par année, un million cinq cent mille pouds de rails, ou de fers marchands ordinaires, et comprenant un atelier de réparation et de construction.

Nous compterons les machines fabriquées en Belgique et rendues à Odessa, et les fers, fontes et maçonneries aux prix auxquels on peut se les procurer aujourd'hui et qui sont naturellement plus élevés que ceux auxquels on arrivera plus tard. — Nul doute qu'en fabriquant soi-même les matériaux réfractaires ordinaires, et en se servant du premier haut-fourneau pour fabriquer tous les moulages que réclamera le restant de la création de l'usine, on n'arrive à une diminution assez sensible.

1

HOUILLÈRE

—

1° Une machine à vapeur à traction directe, pour épuisement, de la force de 50 chevaux, à haute pression (4 atmosphères), sans balancier d'équilibre, mais avec pompes d'exhaure, tuyaux et maître, tirant pour épuiser à 200 mètres.

2° Une machine à vapeur d'extraction, de la force de 35 chevaux, avec transmission de mouvement et poulie de belle fleur.

3° Trois chaudières de 50 chevaux avec accessoires et un cheval-vapeur.

	roub.
Le tout pesant 10,000 pouds et coûtant, rendu à Odessa...	37,500
Transport, déchargement et montage..................	6,000
Âtiments des machines et des chaudières avec cheminée...	26,000
Puits d'épuisement...............................	
Puits d'aérage...................................	
Puits d'extraction...............................	120,000
Travaux préparatoires.............................	
Matériel, chemins de fer, etc., etc.................	40,500
Total.......	230,000

II

FABRIQUE DE COKE

Deux machines à vapeur de 12 chevaux, activant 4 broyeurs.
Deux machines à vapeur de 8 chevaux activant 2 lavoirs-charbon.
Deux chaudières de 25 chevaux.
Quatre défourneuses avec leurs chaudières.

	roub.
Le tout pesant 5,800 pouds et coûtant, rendu à Odessa...	30,000
Transports, montage et divers.......................	5,000
Bâtiments et fondations.............................	20,000
120 fours à coke, comprenant :	
300 sagènes cubiques, maçonnerie en briques ordinaires, à 50 roubles...........................	15,000
280,000 pouds briques réfractaires, à 35 kop. le poud.	98,000
Main-d'œuvre	6,000
9,400 pouds, fonte moulée, à 1 fr. 50 le poud........	14,100
3,000 pouds, fer, à 2 fr. 20 le poud.................	6,600
Divers...	5,300
Total.......	200,000

III

FABRIQUE DE BRIQUES RÉFRACTAIRES

Une machine à vapeur de 25 chevaux, avec chaudières et accessoires.
5 paires cylindres concasseurs et chaîne à godets.
4 tambours de bluterie.
4 pétrins mécaniques.
Transmission.

	roub.
Le tout pesant 5,000 pouds et coûtant, rendu à Odessa...	22,000
Transport, montage et divers.......................	6,000
Bâtiments, fondations des machines.................	} 20,000
8 fours..	
Total......	48,000

IV

USINE A FONTE

—

A. — Deux hauts fourneaux

Comprenant :	roub.	roub.
80 sagènes cubiques de fouille, à..........	2,50	200
380 » » maçonnerie ordinaire..	50	19000
48000 pouds briques réfractaires, provenance étrangère, 1re qualité...................	1,20	57600
21000 pouds briques réfractaires ordinaires....	0,35	7350
8800 » fonte moulée et posée............	2	17600
4000 » fer ouvré.....................	2,50	10000
20000 » briques réfractaires, provenance étrangère, 2e qualité.................	1,00	22000
Main-d'œuvre et divers		10250
Total.....		144000

B. — Halles de coulée

	roub.	roub.
120 sagènes cubiques fouilles................	2,50	300
80 » » maçonnerie ordinaire, moellons............	30	2400
160 » » briques	50	8000
13 » » charpente en chêne....		5500
320 » carrées, toiture en tuiles.......		1000
Grue, cubilots, séchoirs, etc.................		6000
Total.....		23200

C. — Machines soufflantes

Deux machines pour soufflerie, de la force de 70 chevaux chacune, avec réservoirs.
Deux machines pour monte-charges, de la force de 16 chevaux.
Deux machines pour pompes, de la force de 8 chevaux.
Six chaudières de 50 chevaux chacune.

Le tout pesant 17,000 pouds et coûtant, rendu à   roub.
    Odessa.................................... 72000
Transport et montage............................. 12000

Bâtiments des machines :

		roub.	
60 sagènes cubiques fouilles à...........		2,50	150
30 » » maçonnerie, moellons..		30	900
180 » » » en briques..		50	9000
6 » » » pierre de taille..			1600
400 pouds fer ouvré.................		2,50	1000
640 » fonte ouvrée..............		2	1280
Boiserie, toiture et divers............			7000

Bâtiments des chaudières :

100 sagènes cubiques de fouille...........	2,50	250
2000 pouds fonte ouvrée.................	1,50	3000
60 sagènes cubiques, maçonnerie moellons..	30	1800
100 » » » briques...	50	5000
10000 pouds briques réfractaires ordinaires...	0,35	3500
Main-d'œuvre, divers et accessoires..........		4500

Cheminées :

10 sagènes cubiques fouilles, à	2,50	25
18 » » maçonnerie ordinaire...	50	900
440 pouds fonte moulée	1,50	660
800 » cheminées en tôle	6	4800
100 » fer ouvré	2,50	250
5600 » briques réfractaires		1960
Main-d'œuvre et divers.............		800

Total des machines.....   132375

D. — Monte-charges et Pont

	roub.	roub.
20 sagènes cubiques fouilles à	2,50	50
40 » » maçonnerie en briques..	50	2000
2000 pouds fonte ouvrée.................	2	4000
1800 » fer ouvré	2,50	4500
3 sagènes cubiques bois (charpente en chêne)		1500
Montage et divers, hangars		4000

Total.....   16050

E. — Appareils à air chaud

		roub.	roub.
18800 pouds fonte onvrée à :	2	37600
70 sagènes cubiques maçonnerie en briques.	50	3500
30000 pouds briques réfractaires	0,35	10500
200 » fer	2,50	1800
Main-d'œuvre		500
Total.....		53900

F. — Conduites de vent, d'eau et de vapeur

	roub.
3000 pouds fonte ouvrée à 2 kop.............	6000
Placement et divers........................	1500
Total.....	7500

RÉCAPITULATION DU COUT DES DEUX FOURNEAUX

A. — Hauts-fourneaux	144000	roubles.
B. — Halles et fonderie	23200	»
C. — Machines et chaudières	122980	»
D. — Monte-charges et ponts	16050	»
E. — Cheminées.............................	9395	»
E. — Appareils à air chaud.................	53900	»
F. — Conduites diverses	7500	»
G. — Chemins de fer, retenues d'eau et divers..	22975	»
Total.....	400000	roubles.

LAMINOIRS

—

A. — Halle de Puddlage

Une machine verticale de la force de 80 chevaux ;
Un train ébaucheur et corroyeur de 3 équipages ;
Deux cisailles ;
Deux marteaux-pilons de 3 tonnes ;

Le tout pesant 9700 pouds et coûtant, rendu à Odessa...   roubles 33500

16 chaudières à vapeur ;
 5 enveloppes cheminées ;
 2 pompes pour l'alimentation ;

Le tout pesant 11600 pouds et coûtant, rendu à Odessa.. 40000

Transport, montage et divers... 12000

	roubles	
28 fours à puddler composés de :		
17,000 pouds fonte à	2	34000
680 » fer....................	2,50	1700
18,700 » briques réfractaires..........	0,35	6545
Maçonnerie des chaudières et cheminées :		
9,000 pouds fonte................	2	18000
4,500 » fer...................	2,50	11250
50 sagènes cubiques maçonnerie ordinaire...............	50	2500
120,000 pouds briques réfractaires............		42000
Main-d'œuvre et divers................		6000
Halle proprement dite :		
150 sagènes cubiques fouilles à...........	2,50	375
100 » » maçonnerie moellons..	30	3000
45 » » » briques...	50	2250
2,600 pouds fonte ouvrée............	2	5200
400 » fer ouvré............	2,50	1000
25 sagènes cubiques charpente en chêne...	370	9250
500 » carrées toiture en tuiles......	3	1500
Fondations des machines :		
100 sagènes cubiques fouilles...........	2,50	250
160 » » maçonnerie brique et		

A reporter   230320

	roub.	roub.
Report......................		230320
pierres de taille	80	12800
800 pouds fonte ouvrée...........	2	1600
400 » fer ouvré...............	2,50	1000
Tuyauteries et pavements en fonte :		
1,800 pouds tuyaux...............	2,20	3960
2,000 » taques................	1,50	3000
200 » fer	3	600
Main-d'œuvre de placement........		800
Divers...........................		5920
Total......		260000

B. — Halle des fers finis

Machines :

1° Une machine verticale de 120 chevaux, commandant un laminoir à 3 cylindres, pour rails, avec élévateur à vapeur ;

2° Une machine verticale de 60 chevaux, commandant un train à fers marchands et un train à éclisses ;

3° Une machine de 12 chevaux, commandant les machines à façonner et dresser les rails ;

4° Une machine de 20 chevaux, commandant deux tours à tourner les cylindres, deux tours à cylindrer et à fileter, un tour en l'air, deux machines à percer, une machine à tarauder, deux machines à raboter ;

	roub.
Le tout pesant 18,855 pouds et coûtant, rendu à Odessa...	81000
Transport, montages et divers....	10000

Dix fours avec chaudières et cheminées :

8 chaudières ;

3 cheminées ;

1 pompe à vapeur ;

Le tout pesant 8,400 pouds et coûtant, rendu à Odessa....	23500
Transport, montage et divers.....	3000
9,000 pouds en fonte ouvrée......	18000
17,000 » fer ouvré	4250
30 sagènes cubiques en maçonnerie ordinaire.......	1500
A reporter................	141250

roub.

Report.. 141250
50,000 pouds en briques réfractaires.............. 17500
Main-d'œuvre...................................... 2000

Halle proprement dite :

160 sagènes cubiques, fouilles, à............ 2,50   400
120   »   »   maçonnerie en moellons, 30   3600
140   »   »   »   briques.. 50   7000
3,050 pouds en fonte ouvrée.................. 2   6100
610   »   fer ouvré...................... 2,50   1525
25 sagènes cubiques, charpente en chêne..... »   9250
700   »   carrées, toiture en tuiles........ 3   2100

Fondations machines :

350 sagènes cubiques, fouilles............... 2,50   875
350   »   »   maçonnerie ordinaire et
    pierres de taille...................... 80,00   28000
1,400 pouds en fonte ouvrée................. 2   2800
800   »   fer ouvré................... 2,50   2000
Divers..

Tuyauterie et pavements :

1,800 pouds tuyaux........................... 2,20   3960
2,000   »   taques....................... 1,50   3000
200   »   fer ouvré..................... 3   600
Main-d'œuvre.................................... »   800
Divers sur la halle des fers finis................. »   7240

    Total de la halle des fers finis........... »   240000

RÉCAPITULATION DU COUT DE PREMIER ÉTABLISSEMENT

	roub.
Houillère.	230000
Fabrique de coke, pour une fabrication journalière de 8000 pouds	200000
Fabrique de briques réfractaires	48000
Deux fourneaux aptes à une production annuelle de 2,000,000 pouds de fonte	400000
Laminoir apte à une production annuelle de 1,500,000 pouds fers	500000
Bureaux, forges, menuiserie, habitation et cité ouvrière	122000
Total	1500000

Si, à ce capital, on ajoute le capital de roulement suivant :

	roub.
Houillère	25000
Minière	50000
Fourneaux	100000
Fabrique de fer (6 mois de fabrication)	825000
Soit	1000000
On aura pour le Capital Total	2500000

Si l'on compte seulement vingt-cinq kopecks de bénéfice par poud de fers, le bénéfice serait de 375,000 roubles, ou 15 0/0, sans compter le bénéfice que peut rapporter la vente du charbon.

Si l'on commençait par un seul fourneau, produisant 1,000,000 de pouds, les frais pour houillère et fabrique de briques réfractaires resteraient à peu près les mêmes, de même que pour les machines du laminoir. Pour celui-ci, il y aurait à réduire la moitié des fours.

On aurait alors comme frais de premier établissement :

	roub.
Houillère..	230000
Fabrique de coke.................................	100000
Fabrique de briques.............................	48000
Fourneau...	200000
Laminoir..	380000
Bureau, forge, habitation, divers...............	100000
Total......	1058000
Et les fonds de roulement ne s'élevant qu'à.........	500000
Le Capital Social n'aurait besoin que d'être de......	1558000

En supposant un gain de 25 kopecks par poud, le
bénéfice serait de 187,500 roubles, ou un peu plus
de 11 0/0.

TABLE DES MATIÈRES

PARIS — IMPRIMERIE DE DUBUISSON ET C°, 5, RUE COQ-HÉRON.